A FILOSOFIA DAS CIÊNCIAS

DOMINIQUE LECOURT

A FILOSOFIA
DAS CIÊNCIAS

DIREÇÃO EDITORIAL:　　　　　　TRADUÇÃO:
Marlos Aurélio　　　　　　　　　Danielle Ortiz Blanchard

CONSELHO EDITORIAL:
Fábio E. R. Silva　　　　　　　　COPIDESQUE E REVISÃO:
Márcio Fabri dos Anjos　　　　　Luiz Filipe Armani
Mauro Vilela　　　　　　　　　　Pedro Paulo Rolim Assunção
Ronaldo S. de Pádua
　　　　　　　　　　　　　　　　DIAGRAMAÇÃO E CAPA:
　　　　　　　　　　　　　　　　Tatiana Alleoni Crivellari

Título original: *La philosophie des sciences*
© Presses Universitaires de France, 2001
6, avenue Reille, 75014 Paris
ISBN: 978-2-13-062444-8

Todos os direitos em língua portuguesa, para o Brasil,
reservados à Editora Ideias & Letras, 2018.

1ª impressão

Rua Barão de Itapetininga, 274
República - São Paulo /SP
Cep: 01042-000 – (11) 3862-4831
Televendas: 0800 777 6004
vendas@ideiaseletras.com.br
www.ideiaseletras.com.br

Dados Internacionais de Catalogação na Publicação (CIP)
(Câmara Brasileira do Livro, SP, Brasil)

A *filosofia das ciências*/Dominique Lecourt
[tradução Danielle Ortiz Blanchard].
São Paulo: Ideias & Letras, 2018.
Bibliografia.
ISBN 978-85-5580-042-9
1. Ciência - Filosofia 2. Ciência - Filosofia - História I. Título.
18-14112　　　　　　　　　　　　　　　　　　　　　CDD-501

Índice para catálogo sistemático:
1. Filosofia da ciência 501

SUMÁRIO

PREFÁCIO	9
NOTA À EDIÇÃO BRASILEIRA	17
INTRODUÇÃO	21
1. AS CIÊNCIAS DENTRO DA FILOSOFIA	**25**
1.1. A ciência antiga e medieval	25
1.2. A ciência moderna	27
2. O COMEÇO DA FILOSOFIA DAS CIÊNCIAS	**31**
3. A PALAVRA "EPISTEMOLOGIA"	**35**
4. UMA FILOSOFIA CONQUISTADORA: AUGUSTE COMTE	**37**
4.1. Três "métodos de filosofar"	37
4.2. "Ciência, de onde previdência; previdência, de onde ação"	41
5. UMA FILOSOFIA DE CRISE: ERNST MACH	**43**
5.1. Crítica do mecanismo	44
5.2. Economia de pensamento	46
5.3. A "prova" fisiológica de uma tese filosófica	47
5.4. A querela do átomo	49
6. UMA FILOSOFIA CIENTÍFICA?	**53**
6.1. O Círculo de Viena	53
6.2. A "nova lógica"	55

6.3. Verificação e significação 56
6.4. "Eliminar a metafísica" 57
6.5. Depurar a linguagem da ciência 58

7. WITTGENSTEIN FACE AO POSITIVISMO LÓGICO: 61
UM MAL-ENTENDIDO
7.1. O "místico" 63
7.2. Linguagem e lógica 64
7.3. Os jogos de linguagem 66

8. VIENA NA AMÉRICA: DE CARNAP A QUINE 69

9. A QUESTÃO DA INDUÇÃO 73
9.1. Formulação clássica: David Hume 73
9.2. Formulação contemporânea: Bertrand Russell 74
9.3. A questão da confirmação 77

10. DA PREDIÇÃO À PROJEÇÃO: GOODMAN 79

11. NATURALIZAR A EPISTEMOLOGIA? 83

12. DA FILOSOFIA DA CIÊNCIA 87
À CIÊNCIA DO PENSAMENTO

13. LÓGICA OU METODOLOGIA DAS CIÊNCIAS? 89
13.1. Karl Popper foi membro do Círculo de Viena? 90
13.2. A falseabilidade ou refutabilidade 92
13.3. Uma epistemologia evolucionista 93

14. METODOLOGIA REFINADA: LAKATOS 95

15. A METODOLOGIA EM PROCESSO: FEYERABEND 99

16. A EXIGÊNCIA HISTÓRICA: HANSON E TOULMIN 103

17. KUHN E A TENTAÇÃO SOCIOLÓGICA 107
17.1. Os paradigmas 107
17.2. Descontinuidade, realismo e relativismo 110
17.3. Sociologia das ciências 111

18. UMA TRADIÇÃO FRANCESA 113

18.1. A história filosófica das ciências 113
18.2. Uma epistemologia histórica: Bachelard 117
18.3. A filosofia do não 118
18.4. "A ciência cria filosofia" 120
18.5. O filósofo na cidade científica 122
18.6. A questão da lógica 123
18.7. A experimentação 124

19. UMA EPISTEMOLOGIA GENÉTICA: JEAN PIAGET 127

**20. FILOSOFIA DA BIOLOGIA 129
E FILOSOFIA BIOLÓGICA**
20.1. Uma distinção 129
20.2. Canguilhem bachelardiano 130
20.3. O conhecimento da vida 131
20.4. A questão do vitalismo 133
20.5. Descendência e dissidências 135

21. UM ENCONTRO DORAVANTE POSSÍVEL 137

22. A FILOSOFIA DENTRO DAS CIÊNCIAS 141

REFERÊNCIAS 147

PREFÁCIO

Na antiguidade, filosofia e ciência se imbricavam num desaguadouro comum de seus conhecimentos. No alvorecer da cultura grega, cientistas eram filósofos e vice-versa; a compreensão da *physis* orientava amplamente todo o saber antigo. Na modernidade, a separação entre um conhecimento filosófico e outro científico estabelecerá, então, tanto as diferenças quanto, até mesmo, as difíceis e eventuais pontes que busquem forjar entre si. Na sociabilidade capitalista, num mundo de império da mercadoria, do cálculo e da técnica, a filosofia das ciências acaba por existir quase sempre apenas como uma espécie de analítica e de uma lógica dos próprios termos científicos já assentados. Para a maior parte do conhecimento universitário, inclusive, chama-se por filosofia das ciências exclusivamente tal movimento teórico de suporte lógico-racional da técnica.

O pensamento mais alto acerca da filosofia das ciências, no entanto, não se esgota em uma réplica racionalizante dos quadrantes científicos já dados. As determinações da ciência não são apenas aquelas do imediato de seu afazer. A historicidade e a sociabilidade permeiam estruturalmente o científico. Nas sociedades da valorização do valor, interesses, exploração, opressões, segregações e, ainda, horizontes de constituição ideológica das subjetividades, acabam por erigir o científico como maquinário – universitário, empresarial, cultural e valorativo – da dinâmica do capitalismo. Alcançar tal grau máximo de determinações e pensar a crítica da ciência na especificidade da sociabilidade é então a tarefa da filosofia das ciências.

Proponho, desde meu livro *Filosofia do Direito*, que a filosofia contemporânea possa ser pensada a partir de três grandes caminhos: tecnicistas, não tecnicistas e críticos. No direito, tais chaves se revelam como filosofias juspositivistas, não juspositivistas e críticas. O mesmo pode se dar para o campo da filosofia das ciências. Ao lado de um majoritário caminho de positivismo lógico, analítico, há leituras filosóficas em sentido contrário, não positivistas – basta pensar nas proposições de Martin Heidegger acerca da ciência e da técnica – e, acima disso, uma vigorosa tradição crítica, via de regra representada pelo marxismo.

É Dominique Lecourt quem, já há décadas, tem se incumbido de liderar o âmbito da reflexão crítica sobre a filosofia das ciências. Desde suas obras do final dos anos 1960, sob direta inspiração de Louis Althusser, até o presente, Lecourt destaca-se pelas pesquisas no campo tanto geral da filosofia – estudando desde questões de método até temas como o medo e o egoísmo – quanto no da filosofia das ciências e, ainda, especificamente em ciências aplicadas, como a medicina. Esta *A Filosofia das Ciências*, obra de 2001, sucessivamente reeditada desde então, serve de excelente índice da leitura filosófica lecourtiana e de sua visão materialista crítica do campo científico, além de fazer uma síntese a respeito das múltiplas leituras a respeito do tema. Acompanhar sua reflexão acerca dos variados e contraditórios trajetos daquilo que se chamou filosofia das ciências é também acompanhar a sorte da filosofia e das ciências na sociabilidade capitalista atual.

O início da expressão "filosofia das ciências" se dá na virada da Idade Moderna para a Idade Contemporânea, quando o capitalismo assenta um específico campo de saber e prática da ciência, apartado da religião e aproximado da lucratividade.

Mas, exatamente porque a filosofia das ciências enseja uma reflexão das ciências na totalidade estruturada das relações sociais, logo em sequência a expressão é cambiada pelo vocábulo "epistemologia", que busca compreender os modelos de raciocínio e a estrutura formal das teorias científicas, excluindo, então, seu sentido. Aqui já estão em disputa tanto a natureza quanto o alcance da reflexão filosófica sobre as ciências.

Lecourt insiste, nesta *A Filosofia das Ciências*, no papel do Círculo de Viena na estruturação de um positivismo lógico, que captura de modo reducionista a problemática da filosofia das ciências. De modo diverso daquele de Auguste Comte, reclamando a si a herança de Ernst Mach e, de alguma maneira, buscando se emparelhar com o pensamento de Wittgenstein, o positivismo lógico empreende um modelo filosófico muito distinto daquele da fenomenologia, do existencialismo ou do marxismo. Quando Rudolf Carnap propõe a matematização da lógica e a logicização da matemática, aponta tanto para a separação entre o pensamento e seu conteúdo quanto, ainda, para a calculabilidade das questões filosóficas. O Círculo de Viena se transplanta para os Estados Unidos ao tempo do nazismo, estabelecendo, então, um elo direto entre seu corpo filosófico e o centro econômico das ciências no capitalismo contemporâneo. Em solo estadunidense o positivismo lógico instaura uma filosofia das ciências que se torna típica e própria, obliterando mesmo a velha tradição dos Estados Unidos quanto ao tema, de Charles S. Pierce e William James. Na mesma esteira, tal movimento estabelece uma plena distinção entre filosofia das ciências e história das ciências. Para o modelo filosófico haurido do Círculo de Viena, a história das ciências é no máximo ilustrativa.

Em contraste com o Círculo de Viena – embora vulgarmente apontado como um de seus membros –, Karl Popper inscreve outra leitura filosófica sobre as ciências. Seu critério de distinção entre cientificidade e pseudocientificidade é a falseabilidade, também tratada por refutabilidade. Na existência de ao menos um enunciado singular que permita uma aferição empírica de refutação ou falseabilidade reside um critério de cientificidade que, à espera de provas em falso, trabalha, pois, num esquema hipotético-dedutivo. Este campo, característico das ciências, difere daquele de uma lógica empirista rasteira, apenas adstrita às induções dos fatos. Ainda em sua proposição racionalista, sob o critério de refutação a partir de provas em contrário, Popper acusará o marxismo e a psicanálise de não ciências, mas sim de dogmatismos.

Thomas Kuhn, cuja fama na filosofia das ciências das últimas décadas é do mesmo grau da de Karl Popper, contrasta com as proposições deste acerca do critério de cientificidade a partir da falseabilidade. São raros os momentos em que a ciência, de fato, permite provas que revolucionam seus próprios termos. No mais das vezes, a cientificidade é baseada em paradigmas que permitem dar sustento às atividades quotidianas dos cientistas. A partir dessas grandes modelagens, como a aristotélica ou a newtoniana, opera uma ciência normal, isto é, normalizada e normatizada. Decorre daí uma história das ciências não linear, nem teleológica, nem tampouco sustentada por olímpicas correções de erros. Trata-se de pensar a história das ciências de modo descontinuísta. Não há um tribunal da verdade científica; deve-se proceder a uma investigação em nível sociológico pela qual há de se revelar como os paradigmas se impõem à própria comunidade dos cientistas, a partir de onde se ligam específicos horizontes de filosofia das ciências.

Dominique Lecourt, após sua sistematização da filosofia das ciências de raízes positivistas, alcança então a tradição francesa, que se sustenta em fontes teóricas bastante distintas. Nesta perspectiva, ao contrário daquela de matriz anglo-saxônica, assenta-se uma inexorável conjunção entre história e filosofia das ciências. A reflexão de Gaston Bachelard é seu ponto nodal. De pronto, sua proposição da "ruptura epistemológica" revela o afastamento de uma leitura do progresso histórico das ciências. É pelo erro que se desenvolve o conhecimento. Na sua reflexão filosófica, aberta, a "cidade científica" trabalha em um processo de conexão entre os saberes científicos e os filosóficos. Assim sendo, a filosofia das ciências não é uma espécie de positivismo lógico que dê as condições formais do conhecimento, mas uma operante em conjunto com a ciência para o perfazimento desta: é no perfazimento de tal caminho de rupturas, câmbios epistemológicos e erros que a ciência cria filosofia.

No trajeto de Lecourt na filosofia das ciências francesas, após também inserir Jean Piaget como um de seus pensadores importantes, com suas questões de epistemologia genética, alcança-se então o debate das ciências biológicas e da saúde. Desponta, então, Georges Canguilhem como seu pensador incontornável. Contra uma tendência de rebaixamento das ciências biológicas em face das ciências físicas, Canguilhem situa seu problema central no conhecimento da vida. Assim, ao invés de se perguntar sobre a biologia a partir dos seus mecanismos – que reduzem a biologia à química, à física etc. – Canguilhem insistirá numa perspectiva vitalista, na medida em que a vida é o contrário de uma relação de indiferença com o meio. Em sua reflexão sobre a medicina, em especial em *O Normal e o Patológico*, Canguilhem supera a noção recorrente nas ciências – e também na filosofia das ciências – de um funcionamento dito "normal" da vida. Não há normal como média dos corpos ou de seu funcionamento. Há, sim, uma normação como característica do ser vivo. E tal disposição de normar-se é distinta nas condições fisiológica e patológica, na medida em que esta apresenta menor possibilidade de opções, usos, ajustes e mesmo de abusos que aquela.

De Georges Canguilhem, a leitura da filosofia das ciências a partir de seu problema específico da biologia e da saúde chega a pensadores como François Dagognet e Michel Foucault. Na mesma esteira de uma proposição de filosofia das ciências a partir de categorias como a de corte epistemológico, Louis Althusser assenta sua leitura filosófica do marxismo, compreendendo--o como ciência, em especial em *O Capital*. Marx, rompendo com as visões sobre a sociedade até então havidas, descortina, cientificamente, o continente-história. Para Lecourt, o combate ao marxismo, reiterado na visão teórica anglo-saxã, é responsável por ter, por muito, bloqueado a recepção da filosofia das ciências francesas de quem Althusser foi um símbolo, herdeiro e proponente central.

Para além das divergências centrais entre as tradições anglo-saxã e francesa – que parecem ser menos intransponíveis em pensadores atuais como Ian Hacking, cujas teses, para Lecourt, podem até mesmo emparelhar-se com algumas premissas de Gaston Bachelard –, há também um clamor reiterado, no conhecimento das últimas décadas, por estabelecer pontes entre ciências e filosofia. De um lado, há um chamamento ético na ciência, que demanda filosofia. Mas, a assim se tomar, a filosofia das ciências apenas seria uma espécie de consciência infeliz das virtualidades científicas. É preciso banhar a filosofia das ciências na filosofia da economia, da sociedade, do direito, do Estado, da política etc. As ciências, suas contradições, seus potenciais e seus limites não são simplesmente objetos de juízos morais da filosofia, mas são, resguardados os insignes de cada qual, da mesma ordem da historicidade, da sociabilidade e de suas estruturas, portanto, então, as mesmas determinações e contradições. Uma filosofia crítica das ciências só pode ser, também, uma filosofia crítica sobre a sociedade.

Para a filosofia das ciências, campo quase sempre olvidado tanto pela ciência quanto pela filosofia, ou, quando chamado à baila, compreendido unilateralmente, apenas como racionalidade que reitera a técnica assentada, esta obra de Dominique Lecourt se inscreve como guia incontornável para percorrer o trajeto de sua plena compreensão. Como o próprio autor escreve no texto de apresentação à edição brasileira, uma filosofia das ciências crítica não é o desfile histórico do inexorável da teleologia do saber humano; não se há de escrever progresso em maiúscula – como o fora escrito na bandeira do Brasil, sob inspiração da filosofia das ciências de Auguste Comte. Mas, ao mesmo tempo, se não há uma linearidade histórica que garanta o melhor porvir, pensar uma dinâmica de evolução representa então pensar o progresso como luta, necessária, pela emancipação da maioria e pelo crescimento do bem-estar, nas próprias palavras de Lecourt. Se há luta na teoria, esta sistematização crítica nos planos da filosofia e da ciência toca, de algum modo, pilares das plenas batalhas do nosso tempo.

São Paulo, 2018.

Alysson Leandro Mascaro
Professor da Universidade de São Paulo

NOTA À EDIÇÃO BRASILEIRA

Reconciliar o homem e a ciência

Desde seu nascimento, a ciência moderna nutriu utopias. Vejam *A Nova Atlântida*, de Francis Bacon (1561-1626). O chanceler da Inglaterra descreve uma sociedade construída pela ciência e para a ciência. No território de Bensalem reina a abundância devido às invenções técnicas recolhidas, repertoriadas e desenvolvidas graças à vigilância dos cientistas que supostamente lá dispunham do poder político. Por sua capacidade em dominar os fenômenos naturais "esta ciência nova" em ruptura com a lógica de Aristóteles (384-322 a.C.), parece suscetível de transformar a condição humana. Bacon mostra-se convencido de que, pela força de suas aplicações, os homens poderão sair da precariedade e viver a partir de então dentro da concórdia. A maioria das inúmeras utopias modernas, inspiradas pela ciência, aposta nesta esperança. Elas nunca deixam de apresentar uma crítica mais ou menos virulenta da sociedade existente, de seus valores e de sua organização.

Quando René Descartes (1596-1650), alguns anos mais tarde, atribui ao homem a tarefa de se entregar, pela ciência, "como mestre e possuidor da natureza", escreve no mesmo registro. Os progressos científicos foram assim acompanhados e levados para as sociedades ocidentais por um discurso de confiança e de esperança durante mais de dois séculos. Uma verdadeira reviravolta operou-se no meio do século XIX. As aplicações eficazes que se tinha sonhado benéficas durante dois séculos começam a se tornar reais. Ao invés da abundância para todos, vemos se aprofundarem as desigualdades entre os homens. Com os modos de vida tradicionais destruídos, a proletarização e a urbanização das massas aparecem como portadoras de desgraças para a maioria. A revolta ressoa. As classes trabalhadoras tornam-se "classes perigosas" aos olhos dos burgueses. Alguns filósofos chegaram a falar da "falência da ciência", e um deles, Georges Sorel (1847-1922), denunciou as "ilusões do progresso". Deu-se início também, notadamente nos Estados Unidos, a deplorar os efeitos destruidores da grande indústria e da mecanização agrícola sobre o meio ambiente. Desde o fim da Segunda Guerra Mundial, numerosos são os ideólogos que passaram da desilusão à difamação. Hiroshima marcou, sem nenhuma dúvida, uma data decisiva. Descobria-se que, doravante, a humanidade dispunha de uma arma de tal potência que ela própria podia riscar-se do planeta. Para designar a lógica que regulou a corrida aos armamentos dos dois blocos de estados durante perto de meio século, escruta-se a lógica do "equilíbrio do terror". Com o fim dessa corrida maluca, o medo não desapareceu. Desde Chernobil e Fukushima, o nuclear civil aparece tão ameaçador quanto o militar. Na medida em que a biologia molecular produziu biotecnologias que se revelam suscetíveis de modificar eficazmente tanto os processos da reprodução humana quanto as condições de nossa alimentação. Que se trate de proezas científicas é incontestável; somente pode-se admirar o prolongamento da vida que se seguiu. Mas a inquietação nasce no sentido em que podem modificar a condição humana.

Não estamos lidando com a expressão de um medo sagrado? Percebemos ecos mais ou menos fieis à narrativa bíblica ou ainda grega: Prometeu castigado por Zeus por ter roubado o fogo do Olimpo e tê-lo doado à humanidade, com as ciências e as artes. A presença frequentemente implícita, mas sempre ativa, desses grandes temas em nosso fundo cultural explica a paixão que anima as tomadas de posição anticientíficas que se fazem ouvir há meio século. Somente uma reflexão filosófica aprofundada permite recusar a postura religiosa do pensamento que se revela por esta ocasião, tanto nesses discursos de maldição quanto na idolatria da ciência que prevalecia ao longo dos séculos passados. Tal é sem dúvida alguma a primeira tarefa da filosofia das ciências; esta disciplina especializada cuja história atormentada vai ser descoberta nas páginas que seguem.

Uma reflexão filosófica bem conduzida permite ver mais claro. A eficácia da ciência jamais decide por si mesma sobre o sentido de suas aplicações. Ela não é mais uma força demoníaca que um dom do céu. É a responsabilidade dos seres humanos que se encontra engajada em cada decisão de elaborar e aplicar os conhecimentos novos.

O que não combina mais com a noção de progresso como foi forjada no início do século XIX é que se apresentava como o núcleo de uma filosofia evolucionista da história visando a unificar em um mesmo movimento a produção dos conhecimentos novos, suas aplicações técnicas, a expansão econômica e a emancipação política dos povos. Nós sabemos atualmente que todos esses processos não caminham com o mesmo passo. Não podemos mais escrever "progresso" com uma letra maiúscula! Em revanche, a exigência que se expressava através dessa noção mantém todo seu valor. Parece mais que nunca necessário estarmos vigilantes e agirmos para que os saberes e habilidades novos sejam colocados a serviço da emancipação da maioria, e do crescimento do bem-estar.

Dominique Lecourt

INTRODUÇÃO

Goste-se ou não, parece mesmo que uma situação de divórcio se instalou entre ciências e filosofia no mundo contemporâneo.

Das ciências, espera-se que tragam sempre mais conhecimentos positivos, se possível, aplicáveis em benefício de todos; pede-se a elas também para prever, e em último caso para prevenir, os riscos aos quais nos expõem os nossos esforços em dominar a natureza tanto dentro de nós mesmos quanto fora. Da filosofia, entende-se que nos aclare sobre as derradeiras questões da existência individual e coletiva. Atribui-se a ela, como domínio próprio, a reflexão sobre a religião, o direito, a política, a arte e a moral. Alguns lhe atribuem a exclusividade da interrogação sobre o sentido da nossa vida.

Numerosos são os homens de ciência que, nessas condições, denegam ao seu trabalho toda dimensão filosófica. Mesmo aqueles que, como Ernst Mach (1838-1916) no seu tempo ou, mais perto de nós, o prêmio Nobel de física Richard P. Feynman (1918-1998), fizeram prova de uma maestria excepcional na apreensão filosófica das perguntas que o conhecimento do mundo físico faz.

Não se contam mais os filósofos que, do seu lado, acreditam poder riscar as ciências da sua preocupação. Uns invocam a escusa da especialização e a tecnicidade das pesquisas atuais;

outros se apressam em aceitar uma versão caricatural da tese do filósofo alemão Martin Heidegger (1889-1976), segundo a qual a "ciência não pensa", para melhor reservarem-se o privilégio do pensamento.[1] Mas essa situação apenas prevalece verdadeiramente desde logo após a Segunda Guerra Mundial. Período-chave da história das ciências contemporâneas em que se viu instituir-se a *Big Science*, essa física que põe em prática pesados equipamentos com enormes orçamentos e impõe uma nova divisão das tarefas. O Laboratório Nacional de Los Alamos permitiu o sucesso do *Manhattan-Project* desenvolvendo a primeira bomba atômica com uma rapidez inesperada. Faz papel de modelo até para a pesquisa fundamental. A prioridade, por conseguinte, volta-se para a produção de resultados experimentais. A carreira dos pesquisadores é elevada de acordo com o número e a cadência das suas publicações (*"publish or perish"*). O ensino das ciências encontra-se, então, afetado. Longe de se engajar na via da apresentação histórica e reflexiva dos conceitos e das teorias com que havia sonhado Louis Pasteur (1822-1895) no século precedente, as instituições impuseram um ensino dogmático essencialmente orientado para o domínio das técnicas de cálculo e das demonstrações.

Desde o fim dos anos 1960, começou-se a descobrir o preço humano e social de tal produtivismo intelectual. A expansão da biologia molecular, a revolução das neurociências, da Inteligência Artificial, a confirmação do cenário do *Big Bang*, os desenvolvimentos da física dita do "caos", o esgotamento do programa bourbakista em matemática etc. despertaram o interesse dos pesquisadores pela filosofia. Essa nova demanda de filosofia das

---

[1] M. Heidegger. "Que veut dire 'penser'?". In: *Essais et Conférences*. Trad. francesa. Paris: Gallimard, 1958, p. 157. Heidegger pronuncia na rádio bávara em maio de 1952 esta sentença: "[...] A ciência não pensa. Ela não pensa porque o seu percurso e os seus meios auxiliares são tais que ela não pode pensar – nós queremos dizer pensar à maneira dos pensadores".

ciências manifesta-se hoje ainda mais vivamente porque os desenvolvimentos tecnológicos e industriais de várias dessas linhas de pesquisa colocam questões "éticas" que engajam o sentido da vida humana.

Aqui será encontrado um quadro tão completo quanto possível da disciplina que nós designamos na França pela expressão "filosofia das ciências". Deliberadamente desnudada de toda tecnicidade, esta apresentação histórica e comparativa articula-se em três tempos:

1) a constituição da filosofia das ciências como tal no século XIX;
2) a expansão de uma "filosofia da ciência" com o Círculo de Viena, cujos fundadores anunciam uma transmutação científica da filosofia como "lógica aplicada";
3) o desdobramento de uma filosofia das ciências que forja as suas categorias ao contato da história efetiva do pensamento e do trabalho científicos.

O volume conclui-se em uma perspectiva de futuro ligada à efervescência filosófica que felizmente conquistou numerosos cientistas hoje. A "revolução digital" abre-lhes um novo terreno para exercer as suas forças filosóficas.

1
AS CIÊNCIAS DENTRO DA FILOSOFIA

1.1. A ciência antiga e medieval

Um laço constitutivo une às ciências este modo particular de pensar que é a filosofia. Foi de fato porque alguns pensadores na Jônia a partir do século VII a.C. tiveram a ideia de que se podia explicar os fenômenos naturais através de causas naturais que foram produzidos os primeiros conhecimentos científicos. Alguns daqueles que Aristóteles (384-322 a.C.) chama de *physiologoï*, porque mantêm um "discurso racional sobre a natureza" como Tales (c. 625-547 a.C.) e Pitágoras (c. 570-480 a.C.), contribuem ao nascimento da matemática, da astronomia e da teoria da música. Todos buscam imputar a constituição do Mundo a um único princípio natural – a água segundo Tales; o ar segundo Anaxímenes (c. 585-525 a.C.), depois o fogo segundo Heráclito (c. 550-480 a.C.) – ou ainda a um princípio abstrato – o ápeiron (o "ilimitado") em Anaximandro (c. 610-547 a.C.) ou "o ser enquanto ser" em Xenófanes (fim do século VI a.C.). Cada qual propõe o valor explicativo do princípio (*archè*) que afirma. Procedem uns e outros por confrontações de argumentos.

Mas eles não poderiam ter cumprido este primeiro passo da abordagem científica sem ter previamente retirado a sua adesão às pretensões explicativas das narrativas mitológicas em honra do seu tempo. Não era mais o caso de atribuírem, por exemplo, os eclipses do sol aos caprichos de Zeus, que "em pleno meio-dia fez meia-noite" segundo o poeta Arquíloco (século VII a.C.), ou os tremores de terra à cólera dos Ciclopes e dos Titãs aprisionados nas entranhas da Terra. Sabe-se que Tales conquistou justamente um grande renome predizendo o eclipse de 585 a.C.[1] sobre base de cálculos efetuados a partir de observações.

Essa retirada de adesão pode ser tomada por um primeiro passo em direção à filosofia; mas sem que ela se tenha ainda constituído como tal. E erroneamente, sobre a fé de opiniões relatadas por Diógenes Laércio (século III d.C.) e Cícero (106-43 a.C.), Pitágoras tem a reputação de se ter designado ele próprio como "filósofo". Esse termo, assim como o termo filosofia, entrou para o uso apenas no século V a.C. Platão (428-348 a.C.) conferiu-lhe o seu prestígio.[2]

No frontão da Academia, a escola que funda em Atenas em torno de 387 a.C., ele inscreve: "Quem não é geômetra não entre". Mas a sua ambição ultrapassa a da maioria dos *physiologoï*. Ele propõe em realidade um novo modo de pensar.

Nos Diálogos,[3] o personagem de Sócrates (470-399 a.C.) questiona metodicamente, sob a sua inteira responsabilidade, o conjunto dos valores religiosos, morais e políticos aceitos pela cidade ateniense. Ele o faz em nome de uma concepção da razão (*logos*) retirada em grande parte da abordagem dos matemáticos.[4] O seu uso do mito confunde as formas tradicionais da adesão às narrativas mitológicas.[5]

---

1 G. Lloyd. *Les Débuts de la Science Grecque* (1974). Trad. Francesa. reed. Paris: La Découverte, 1990.
2 J. Brunschwig, G. Lloyd. *Le Savoir Grec*. Paris: Flammarion, 1996, cap. I.
3 Platão. *Œuvres Complètes*. Trad. francesa L. Robin. Paris: NRF-Gallimard, 1950.
4 Ver notadamente os personagens de Teodoro e de Teeteto no *Teeteto*.
5 J.-F. Mattéi. *Platon et le Miroir du Mythe: De l'Âge d'Or à l'Atlantide*. Paris: PUF, 1996.

Aristóteles rompe com o idealismo platônico: é o primeiro a propor a ideia de uma física. Impõe por séculos uma teoria do movimento metafisicamente fundada sobre uma concepção nova do Ser; ele joga com noções de matéria e de forma, de potência e de ato. Tenta assim pensar junto à física, isto é, todos os saberes sobre a natureza, a teologia, a arte e a política.[6] Os pensadores da tradição atomista, depreciada tanto por Platão quanto por Aristóteles, não procedem diferentemente, por mais opostas que sejam as suas concepções da natureza e as suas tomadas de posição morais e políticas. Testemunha Epicuro (341-270 a.C.) elaborando expressamente uma *física* para ir contra as teses morais e políticas que Aristóteles apoiava nas bases metafísicas da sua própria.

Tomás de Aquino (1225-1274) intenta transferir ao cristianismo o crédito da ciência aristotélica reorganizando a sua metafísica no sentido dos textos sagrados. A sua doutrina visava reconciliar assim a razão e a fé. A sua adoção pela Igreja, primeiramente reticente,[7] tem por resultado engajar a instituição a favor de uma física finalista e de uma cosmologia geocentrista, no momento mesmo em que não vão tardar a serem recontestadas.

1.2. A ciência moderna

René Descartes (1596-1650), matemático e físico, toma para si precisamente a tarefa de elaborar a metafísica que poderá sustentar a nova ciência do movimento sem ferir as verdades reveladas da religião cristã. Lamenta o fato que Galileu (1564-1642), "bom cientista", tenha-se mostrado "medíocre filósofo", provocando o confronto que se sabe com as autoridades eclesiásticas. Ele propõe, em 1644, sobre as bases da sua

---

6 L. Couloubaritsis. *La Physique d'Aristote: L'Avènement de la Science Physique*. 2. ed. amp. Paris: Vrin, 2000.
7 A doutrina de São Tomás foi primeiramente condenada pela Igreja em 1277 (Étienne Tempier); ele foi canonizado somente em 1323.

própria doutrina, um manual destinado a suplantar nas escolas os tratados escolásticos então em uso.[8] Na carta-prefácio que o acompanha, ele professa que: "[...] toda a filosofia é como uma árvore, cujas raízes são a metafísica, o tronco é a física, e os galhos que saem desse tronco são todas as outras ciências, que se reduzem a três principais, a saber, a medicina, a mecânica e a moral; eu entendo a mais alta e a mais perfeita moral que, pressupondo um inteiro conhecimento das outras ciências, é o último grau da sabedoria".

Descartes filósofo não poderia ser dissociado de Descartes cientista. E o que vale para Descartes vale também para Blaise Pascal (1623-1662) ou para o filósofo e matemático alemão Gottfried Wilhelm Leibniz (1646-1716).

Foi o imenso sucesso da mecânica[9] de Isaac Newton (1642-1727) que inspirou as obras maiores do seu amigo, o filósofo inglês John Locke (1632-1704), cujo *Ensaio sobre o Entendimento Humano* (1690) é considerado fundador do empirismo moderno, e depois, do filósofo escocês David Hume (1711-1776) que, no *Tratado da Natureza Humana* (1739), leva esse empirismo aos seus limites céticos. Immanuel Kant (1724-1804), ao longo das suas três *Críticas*, empreende daí tirar os ensinamentos em matéria de conhecimento, moral, religião e estética.

Autênticos cientistas, participando eles próprios da produção dos conhecimentos novos, conduziram-se como filósofos. No cerne do pensamento científico inventivo, verificam-se categorias filosóficas (matéria, forma, causalidade, finalidade etc.). Essas categorias dirigem o discernimento dos cientistas quando se trata de determinar a parte do desconhecido que julgam conhecível. Do seu percurso, as grandes obras filosóficas

---

8   R. Descartes. *Principia Philosophiae* (1644), *Les Principes de la Philosophie*. Paris: Vrin, 1964-1974; reed. da edição Adam e Tannery das *Œuvres de Descartes*, 1897-1913, 12 vol.
9   I. Newton. *Phisolophiae Naturalis Principia Mathematica* (1687), *Principes Mathématiques de la Philosophie Naturelle*. Paris, 1756 e 1759. Reed. Paris: Gauthier-Villars, 1955.

tentam retirar as incidências sobre o conjunto das outras formas do pensamento e vida humanos.[10]

Nesse sentido, pode-se dizer que toda filosofia digna desse nome se apresentou sempre como "filosofia das ciências". Nenhum dos filósofos clássicos jamais emprega, porém, essa expressão para designar nem a sua obra nem os desenvolvimentos frequentemente técnicos que dedica às ciências do seu tempo. Descartes engloba todas as ciências dentro da filosofia. Francis Bacon (1561-1626) faz igualmente, mas também englobando a teologia. Ele propõe efetuar, no interior da filosofia, uma distinção nítida entre a "filosofia natural",[11] consagrada ao estudo da natureza, e a "teologia natural", que demonstra a existência e prova os benfeitos da Providência, a qual a primeira poderia apenas postular.

Isaac Newton intitulará a sua obra científica maior *Princípios Matemáticos da Filosofia Natural* (1687). Tendo enunciado a lei da gravitação universal, ele se mostrará ainda baconiano quando afirmar, depois de ter descrito o movimento dos planetas: "Este arranjo tão extraordinário do Sol, dos planetas e dos cometas somente pôde ter como fonte o desígnio e a senhoria de um ser inteligente e poderoso".[12] E é a esse Deus *pantocrator* também – esse todo-poderoso senhor do universo – que fazem apelo as últimas "Questões" acrescentadas ao seu *Tratado de Óptica* (1704). Cria um marco importante para a teoria da luz propondo uma nova teoria corpuscular (dita da "emissão").

---

10 E. Kant. *Critique de la Raison Pure* (1781), *Critique de la Raison Pratique* (1788) e *Critique de la Faculté de Juger* (1791). In: *Œuvres Philosophiques*. Sob a dir. de Alquié. Paris: NRF-Gallimard, 1980, 1985, 1986.
11 Expressão que ele recolhe da filosofia escolástica.
12 Esta passagem aparece nas últimas páginas acrescentadas ao seu texto em 1713 para a segunda edição da obra.

2
O COMEÇO DA FILOSOFIA DAS CIÊNCIAS

A expressão "filosofia das ciências" é introduzida, na verdade, apenas bem mais tarde no vocabulário filosófico. O acontecimento produz-se quase simultaneamente na França e na Inglaterra. Foi o físico e químico André-Marie Ampère (1775-1836) que formou o sintagma em francês. O inventor do eletromagnetismo, aquele que o físico britânico James Clerk Maxwell (1831-1879) saudou como o "Newton da eletricidade", publicou em 1834 um *Ensaio sobre a Filosofia das Ciências, ou Exposição Analítica de uma Classificação Natural de todos os Conhecimentos Humanos*.[1] Grande admirador, para não dizer grande leitor, de Kant, ele considera as ciências como tantos fatos – "grupos de verdades". A filosofia das ciências consiste em descobrir a ordem natural desses grupos, segundo o modelo da classificação dicotômica de Bernard de Jussieu (1699-1777) para as plantas. Ampère crê poder relacionar essa ordem com aquela que ele postula entre

---
1 A.-M. Ampère, *Essai sur la Philosophie des Sciences, ou Exposition Analytique d'une Classification Naturelle de Toutes les Connaissances Humaines*. Paris: Bachelier, 1834; reed. Bruxelles: Culture et Civilisation, 1966.

as faculdades humanas de conhecimento. Ele pretende assim dar conta do progresso histórico das ciências tanto quanto do desenvolvimento individual das capacidades de conhecer. Essa ordem deve estender-se das ciências "cosmológicas" – aquelas que concernem os fenômenos materiais – às ciências "noológicas" que estudam o pensamento e as sociedades humanas.

Ao mesmo tempo, no início dos anos 1830, o politécnico Auguste Comte[2] (1798-1857) dá corpo a um projeto de mesma inspiração enciclopédica, mas de ainda maior amplitude. Sob a apelação de "filosofia das ciências", ele também propõe uma classificação. Mostra que os fenômenos mais simples são os mais gerais, assim como os mais estranhos ao homem. O encadeamento racional das diversas ciências fundamentais é ditado por essa ordem que vai da matemática às ciências biológicas, e depois à ciência positiva que a sociologia deve se tornar.

"A filosofia das ciências fundamentais, apresentando um sistema de concepções positivas sobre todas as nossas ordens de conhecimentos reais, basta, por isso mesmo, escreve Comte, para constituir essa filosofia primeira que procurava Bacon".[3] Servindo de "base permanente" a todas as especulações humanas, ela deve permitir que o progresso se apresente doravante como desenvolvimento da ordem. De onde a máxima que inscreve Comte no frontão do seu *Discurso*: "Ordem e progresso".[4]

Foi em 1840 que William Whewell (1794-1866), titular da cátedra de filosofia moral em Cambridge, introduziu a expressão *"the philosophy of science"* no vocabulário filosófico inglês. Ela aparece para designar a perspectiva final do seu grande livro *The Philosophy of Inductive Sciences, Founded upon Their History*.[5]

---

2 A. Comte, *Cours de Philosophie Positive* (1830-1842). Reed. Paris: Hermann, 1975, 2 vol., e *Discours sur l'Ensemble du Positivisme* (1848). Reed. Paris: GF-Flammarion, 1998.
3 *Cours*, 2e Leçon, p. 49.
4 Máxima que se encontra ainda hoje inscrita com todas as letras – verdes – na bandeira do Brasil.
5 W. Whewell. *The Philosophy of the Inductive Sciences, Founded upon Their History*. Londres: Parker, 1840, 2 vol.

Essa obra, como se verá, derruba a noção tradicional de "indução" e apresenta essa *philosophy of science* como "uma vista completa da essência e das condições de todo saber real", que livraria das suas ilusões e confusões "as doutrinas pertencentes às supostas ciências outras além das ciências materiais". E o autor cita a economia política, a filologia, a moral e as belas-artes.

As primeiras ocorrências da expressão "filosofia das ciências" aparecem assim como ligadas a tentativas de classificação das ciências que respeitam a sua diversidade ao mesmo tempo em que afirmam a sua unidade. Reivindicando, abertamente ou não, o lugar da "filosofia primeira", elas pretendem libertar o espírito humano das supostas mistificações da metafísica. Enciclopédicas, elas exibem uma vocação pedagógica acentuada. Sustentam uma ou outra versão da filosofia do progresso que convém ao tempo da revolução industrial.

3
A PALAVRA "EPISTEMOLOGIA"

Foi sem nenhuma dúvida para se destacar das intenções totalizantes, dos acentos polêmicos e das perspectivas históricas dessa filosofia das ciências que o vocábulo "epistemologia" veio concorrer com a locução no início do século XX.

A história dessa palavra merece interesse. Trata-se de um neologismo construído pelo metafísico escocês James Frederick Ferrier[1] (1808-1864) hoje caído no esquecimento, mas que teve a sua hora de notoriedade acadêmica por se ter oposto ao mesmo tempo à filosofia "escocesa" do "senso comum" (*common sense*) de Thomas Reid (1710-1796) e ao agnosticismo do seu mestre William Hamilton (1788-1856) prevalecendo-se do idealismo alemão. Foi em *Institutes of Metaphysics*, um manual

---

1 James Frederick Ferrier nasceu em Edimburgo dia 16 de junho de 1808. Faz os seus estudos superiores na Universidade de Edimburgo de 1825 a 1827, e depois torna-se *fellow commoner* de Magdalen College em Oxford. *Bachelor of Arts* em 1831. Amigo de sir William Hamilton, sofre sua influência filosófica, antes de distinguir-se. O seu gosto pela filosofia especulativa o conduz a passar alguns meses em Heidelberg em 1834 para estudar a filosofia alemã. Os seus primeiros escritos filosóficos reproduzidos nos seus *Papers* surgiram em *Blackwood's Magazine* em 1838-1839 sob o título *An Introduction to the Philosophy of Consciousness*. Em 1842, torna-se professor de história na Universidade de Edimburgo e substitui Hamilton, em 1844-1845, no seu ensino. Em 1845, é eleito para uma cátedra de "filosofia moral e economia política" em Saint-Andrews. Lá ensinou até sua morte, em 11 de junho de 1864.

publicado em 1854, que a palavra *epistemology* apareceu pela primeira vez. Ferrier o compõe segundo o grego para designar o discurso racional (*logos*) sobre o saber (*épistémê*); a teoria da ignorância é batizada *agnoiology*. "*Agnoiology*" não encontrou seguidor; "*epistemology*" permaneceu durante muitas décadas uma palavra de difusão muito restrita. Ironia da história, ela divulgou-se nos escritos de pensadores que professaram rejeitar Friedrich Hegel (1770-1831) e a filosofia romântica alemã.

A primeira ocorrência em francês do neologismo foi assinalada na tradução, em 1901, de uma obra do lógico e filósofo Bertrand Russell (1872-1970), *Ensaio sobre os Fundamentos da Geometria*.[2] Parece aclimatar-se rapidamente, pois o químico-filósofo Émile Meyerson (1859-1933) apresenta, em 1908, o seu livro *Identidade e Realidade* nesses termos: "O presente volume pertence, pelo método, ao campo da filosofia das ciências, ou epistemologia, seguindo um termo proposto e que tende a tornar-se corrente".[3]

Mesmo se é preciso reconhecer que o uso permanece bastante vago, pode-se dizer que o vocábulo "epistemologia" quer-se mais modesto que "filosofia das ciências". A epistemologia aplica-se à análise rigorosa dos discursos científicos, para examinar os modos de raciocínio que eles põem em prática e descrever a estrutura formal das suas teorias. Os epistemólogos, concentrando-se no percurso do conhecimento, excluem com frequência a reflexão sobre o seu sentido. Acontece-lhes até de apresentar a sua disciplina como uma disciplina científica tendo rompido com a filosofia.

---

2   B. Russell. *An Essay on the Foundations of Geometry* (1897). Trad. franc. *Essai sur les Fondements de la Géométrie*. Paris: Gauthier-Villars, 1901.
3   E. Meyerson. *Identité et Réalité* (1908). Reed. Paris: Vrin, 1951.

4
UMA FILOSOFIA CONQUISTADORA: AUGUSTE COMTE

4.1. Três "métodos de filosofar"

A primeira tese importante da filosofia das ciências de Auguste Comte concerne a "marcha progressiva do espírito humano". Ela toma a forma de uma "grande lei fundamental" dita dos "três estados". Segundo uma necessidade invariável, cada ramo dos nossos conhecimentos passaria sucessivamente por três estados teóricos diferentes: o estado teológico, ou fictício; o estado metafísico, ou abstrato; o estado científico, ou positivo.[1]

A cada um desses estados corresponde um "método de filosofar" particular.[2] No estado teológico, o espírito do homem busca imputar os fenômenos naturais que observa à ação de agentes sobrenaturais que ele imagina em maior ou menor número. É a intervenção desses agentes que dá conta, em particular, das "anomalias aparentes do Universo". A perfeição desse estado teológico é alcançada com o monoteísmo

---

[1] É a "grande lei fundamental" dita dos três estados.
[2] A. Comte. *Cours de Philosophie Positive*. 28e Leçon. Auguste Comte fala de "três métodos de filosofar", mas sublinha o parentesco que une os dois primeiros.

que remete os fenômenos naturais à vontade de um Deus único e pessoal.

No estado metafísico, o espírito substitui a esses agentes sobrenaturais, forças abstratas, "abstrações personificadas" que se juntam para acabar sob a ideia de Natureza.

O que liga um ao outro, esses dois primeiros métodos de filosofar, parece essencial: nos dois casos, o espírito humano interroga-se sobre a origem e o fim do Universo, sobre as causas da produção dos fenômenos, sobre a sua "natureza íntima".

Segundo Comte, o método metafísico de filosofar é somente uma simples modificação do método teológico. Invocando antes a Natureza, a Deus, como causa dos fenômenos, o espírito humano fez certamente um progresso na abstração; mas, mesmo se distanciando das suas respostas iniciais antropomórficas, continuou a se fazer as mesmas perguntas.

Ele escreve no *Discurso*:[3] "A metafísica, portanto, é realmente, no fundo, apenas uma espécie de teologia gradualmente enervada por simplificações dissolventes".

O papel progressivo histórico da metafísica terá sido de preparar o espírito humano para aceder ao estado positivo.[4] Através de uma verdadeira "revolução intelectual" inaugura-se então um método de filosofar radicalmente novo. São as próprias perguntas colocadas pelo espírito que mudam. Ele renuncia a interrogar-se sobre a origem e o fim do Universo, sobre as causas da produção dos fenômenos e sobre a sua natureza íntima. Reconhece que lhe é impossível formar as noções absolutas as quais, apenas elas, responderiam de modo satisfatório a essas perguntas. O espírito contraria, portanto, o seu mais antigo impulso. Não procura mais explicar os fenômenos de acordo com as suas

---

3 A. Comte. *Discours sur l'Ensemble du Positivisme* (1848). Reed. Paris: GF-Flammarion, 1998, cap. II. al. 10.
4 Comte usa regularmente esse vocábulo nas duas primeiras lições do *Curso de Filosofia Positiva* tanto quanto no *Discurso*.

causas, incumbe-se de descobrir as suas leis efetivas; constata as suas relações invariáveis de sucessão e de similaridade a partir de fatos observados. As leis aparecem-lhe como "fatos gerais". Ele tende enfim a reduzir o máximo possível o número dessas leis. Daí que "a perfeição do sistema positivo [...] seria poder representar-se todos os diversos fenômenos observáveis como casos particulares de um único fato geral".[5]

O exemplo favorito de Comte é o da gravitação. Foi mesmo a obra de Newton que pareceu-lhe justificar, melhor que qualquer outra, os preceitos da filosofia positiva. Newton não deu conta da imensa variedade dos fenômenos astronômicos por uma única lei? Não fez todos aparecerem como constituindo "um único e mesmo fato considerado sob diversos pontos de vista"? Comte nota que o próprio físico inglês reconheceu ter podido realizar essa façanha sem ter, no entanto, descoberto a natureza da força de abstração. Sobre essa natureza, física ou metafísica, ele afirmava, em um aforismo célebre, não forjar hipóteses ("*Hypotheses non fingo*").[6]

Newton apresenta essa ignorância como transitória ("eu ainda não conheço a natureza dessa força"), sem consequências para a validade do seu "sistema do mundo".

Comte entende essas declarações, destinadas a moderar o ardor dos adeptos tanto quanto a replicar aos adversários, como o enunciado de uma posição de princípio. As questões sobre as causas seriam insolúveis por natureza: e uma vez que extraviam o espírito, seria preciso, em todos os casos, as proibir. Dessa interpretação, ele tira uma estrita doutrina do uso das hipóteses científicas. "Toda hipótese científica, a fim de poder ser realmente julgada, deve exclusivamente ter por objeto as leis dos fenômenos e jamais o seu modo de produção". Uma hipótese

---
5 *Cours de Philosophie Positive*, 1re Leçon, p. 22.
6 I. Newton. Scholie Général. In: *Philosophiae Naturalis Principia Mathematica* (1687). A. Koyré, Études Newtoniennes, 1964. Paris: Gallimard, 1968, p. 53-84.

científica, "poderoso artifício", indispensável em filosofia natural, deve apresentar-se "como uma simples antecipação sobre aquilo que a experiência e o raciocínio teriam podido desvelar imediatamente se as circunstâncias tivessem sido mais favoráveis".[7] Engajando-se nas discussões que animam o meio científico do seu tempo, ele vira essa doutrina contra a hipótese do calórico (fluido substancial suposto agente do calor), contra o éter luminoso e contra os fluidos elétricos. Tais fluidos aparecem-lhe como quiméricos, frutos de hipóteses dizendo respeito indevidamente ao modo de produção de fenômenos e à sua natureza íntima; são produtos persistentes do método metafísico de pensar em plena idade positiva, newtoniana, das ciências físicas.

Trata-se de uma interpretação, pois Newton, da sua parte, não se privava de modo algum, inclusive, do uso de tais hipóteses. Pode-se vê-lo ao fim do "Scholie geral (Scholie général)"[8] em que supõe a existência de um "espírito muito sutil", substancial embora invisível e impalpável. Diz-se desse espírito que penetra os corpos sólidos e assegura a sua coesão interna. E é ele que propaga, à distância, a ação dos corpos uns sobre os outros, ele que garante o sentido físico das equações da mecânica racional e da cosmologia.

Provavelmente é para esquivar essa objeção que Comte volta-se com frequência para as pesquisas de Jean-Baptiste Fourier (1768-1830) sobre a teoria do calor.[9] Este desvela as "mais importantes e as mais precisas leis dos fenômenos termológicos" sem se inquirir da natureza do calor, sem fazer menção à famosa querela entre partidários do calórico e partidários do éter vibratório como causa do calor.[10]

---
7 *Cours de Philosophie Positive*, 28e Leçon.
8 Scholie Général. In: *Philosophiae Naturalis Principia Mathematica*.
9 J.-B. Fourier. "Memoire sur la Théorie de la Chaleur". *Bulletin des Sciences pour la Société Philomatique*, 1, 1807; *Théorie Analytique de la Chaleur* (1822). Reed. Paris: J.Gabay, 1988.
10 A hipótese de um calor material, uma espécie de gás chamado "calórico", opõe-se ao "movimento" pressentido pelo químico e físico inglês Robert Boyle (1627-1691). Em

4.2. "Ciência, de onde previdência; previdência, de onde ação"

Segundo a tese maior de Comte: a previsão racional constitui a principal característica do espírito positivo.[11] De onde a máxima segundo a qual a ciência consiste sobretudo em ver para prever, portanto, em "estudar aquilo que é a fim de concluir o que será". Autor do *Tratado Filosófico de Astronomia Popular* (1844), ele cita exemplos tomados emprestados à essa ciência e não mede os seus elogios a John Stuart Mill por motivo da sua explanação da lógica indutiva na primeira parte do seu *Tratado*.[12]

Essa segunda tese somente encontra todo o seu sentido, em realidade, à luz de uma terceira, segundo a qual a ciência "está destinada a fornecer a verdadeira base racional da ação do homem sobre a natureza".[13] Se pudermos prever os fenômenos, poderemos, na "vida ativa", modificá-los para a nossa vantagem, fazendo-os brincar uns com os outros. Daí uma nova máxima: "Ciência, de onde previdência; previdência de onde ação". Será notado que ela esconde um deslize de sentido que escamoteia uma questão filosófica delicada já que permite passar da previsão ("onde se aguarda ou se espera que") à previdência (onde se toma a dianteira, sem esperar). O fato é que ela sustenta uma das noções-chave da filosofia positiva, a noção de aplicação. Dos conhecimentos adquiridos, uma nova classe social – a dos engenheiros[14] – vê-se atribuir como missão "deduzir" as aplicações industriais das quais se revelam portadores. Essa tese durante

---

1783, Antoine-Laurent Lavoisier (1743-1794) e Pierre-Simon Laplace (1749-1827) consideram ainda as duas hipóteses no seu *Mémoire sur la Chaleur* (cf. J.-P. Maury. "Chaleur". In: *Dictionnaire d'Histoire et Philosophie des Sciences* (1999). reed. 4. ed. amp. Paris: PUF, 2006 ("Quadrige").

11 A. Comte. *Discours sur l'Ensemble du Positivisme* (1848). al. 15. Reed. Paris: GF-Flammarion, 1998.
12 J. S. Mill. *Système de Logique* (1843). Trad. franc. Peisse, 1866, LIège-Bruxelles, reimpr. Pierre Mardaga, 1988.
13 *Cours de Philosophie Positive*, 2e Leçon, p. 45.
14 D. Lecourt. "Comte et nous". In: *Déclarer la Philosophie*. Paris: PUF, 1997.

muito tempo fez obstáculo a um autêntico pensamento da técnica na França. Pois, não sendo a ciência dos engenheiros uma ciência "propriamente dita" pelo positivismo dominante, o saber destes seria somente um saber-fazer que se limita a organizar a cooperação entre a teoria e a prática.

Essas três teses maiores explicam o sucesso persistente da filosofia positivista. Uma vez separadas da doutrina do próprio Auguste Comte e notadamente das suas opiniões sobre a religião da Humanidade,[15] essas concepções dominaram silenciosamente a filosofia de inúmeros cientistas.

É a sua tese antimetafísica de desengajamento ou de abstenção ontológica que constitui a pedra angular da filosofia de Comte. Essa tese, transmitindo-se de geração em geração, forneceu inegavelmente o fio de uma verdadeira tradição filosófica que, apesar da diversidade das doutrinas, merece carregar o nome de "positivismo".[16] Mas a rejeição da metafísica tomará, nessa mesma tradição, formas múltiplas.

---

15 É sobre essa base que se efetua a ruptura de Émile Littré (1801-1881) com o seu mestre em 1852. O positivismo da 3a República na França apresenta-se como uma filosofia das ciências cujo essencial estaria contido nas duas primeiras lições do *Cours* de Comte.
16 A unidade do positivismo foi objeto de numerosas discussões. Cf. o livro clássico de L. Kolakowski. *La Philosophie Positiviste* (1966). Trad. franc. Paris: Denoël, 1976.

5
UMA FILOSOFIA DE CRISE: ERNST MACH

Nenhuma obra pesou mais sobre o destino da filosofia das ciências que a do físico austríaco Ernst Mach.[1] Para fazer a sua glória ou abatê-lo, Mach foi inscrito na tradição positivista. Desde que o Círculo de Viena acreditou poder apropriar-se da sua herança, ele com frequência serviu como simples elo entre o positivismo clássico (Comte) e o positivismo lógico. Mas foi ao preço de um mal-entendido sobre o sentido das suas tomadas de posição dentro do debate científico do seu tempo. Perde-se assim de vista a sua poderosa originalidade. Não se explica o excepcional impacto das suas reflexões para bem além do meio acadêmico: Robert Musil (1880-1942) dedicou a sua tese à obra dele;[2] Sigmund Freud (1856-1939) louvou-a e o pintor russo Kazimir Malevitch

---

[1] Originário da Morávia, Mach primeiramente ensinou física na Universidade de Graz (1864), depois ocupou a cátedra de física experimental na Universidade de Praga (1867). Marcou com o seu nome as pesquisas sobre a velocidade do som em aerodinâmica.
[2] R. Musil. *Pour une Évaluation des Doctrines de Mach* (1908). Trad. franc. Demet, edição crítica estabelecida por P.-L. Assoun. Paris: PUF, 1985. Apesar da sua admiração, Musil não se acha de acordo com a visão otimista da história defendida por Mach.

(1878-1935) nela se inspirou. Perde-se o essencial das lições que sempre deu.³

5.1. Crítica do mecanismo

É seguramente o seu grande livro *A Mecânica: Exposição Histórica e Crítica do seu Desenvolvimento*,⁴ publicado em 1883, que fez de Mach uma autoridade em filosofia das ciências. Isso lhe valerá de ser nomeado, em 1895, para a Universidade de Viena em uma cátedra especialmente criada para ele de "filosofia das ciências indutivas". Mach combina aí reflexão filosófica, investigação histórica e análise psicológica para apresentar a gênese dos principais conceitos da mecânica clássica: massa, força, espaço e tempo. Ele examina à risca textos fundadores de Galileu, Descartes, Johannes Kepler (1571-1630), Newton etc. para mostrar como, pelo esquecimento da origem desses conceitos, constituiu-se uma "mitologia mecânica" que não hesita em comparar à "mitologia anímica" das antigas religiões.

Essa mitologia nutre, segundo ele, um preconceito: aquele que quereria que a mecânica constituísse "a base fundamental de todos os outros ramos da física, e de acordo com o qual todos os fenômenos físicos devem receber uma explicação mecânica".⁵ Em realidade, mostra Mach, não existe nenhum fenômeno puramente mecânico. São apenas "abstrações intencionais ou forçadas". Os ramos da física "foram distinguidos uns dos outros somente por razões convencionais, fisiológicas e históricas".

Mach respondia assim ao sentimento de crise que tinha se apoderado de muitos físicos desde a formulação do segundo

---

3 A "reabilitação" de Mach foi entabulada com vigor por Paul Feyerabend (1924-1994) em um artigo "La Théorie de la Recherche de Mach et son Rapport à Einstein", reproduzido em *Adieu la Raison (Farewell to Reason)*, cap. VII, trad. franc. Paris: Le Seuil, 1987.
4 E. Mach, *Die Mechanik in ihrer Entwicklung historisch-kritisch Dargestellt* (1883). Trad. franc. *La Mécanique : Exposé Historique et Critique de son Développement*. Paris: Hermann, 1904.
5 *La Mécanique* (1883), cap. V, seção I. Esse era ainda o preconceito de Auguste Comte, que lhe dá uma versão sistemática no *Cours de Philosophie Positive*.

princípio da termodinâmica dito de Carnot-Clausius[6] em 1850. A sua perturbação provinha do fato que o "programa" de redução de toda a física à mecânica parecia conhecer um fracasso definitivo: impossível de apreender pelas equações da mecânica clássica, fenômenos irreversíveis como o da transformação do calor em trabalho!

"A unidade da física está perdida!", exclamavam alguns. "A matéria desapareceu!", lamentavam outros. Alguns achavam do que se alegrar. Viam aí um argumento a favor de um espiritualismo absoluto.

Iniciando a crítica do "mecanismo", Mach mostrava que a sua unidade sempre tinha sido apenas ilusória, porque fundada sobre a identificação falaciosa da noção de matéria com a noção de massa. Libertando a noção de massa da sua captação pela filosofia materialista clássica, ele abria novas perspectivas à pesquisa.

De fato, citando e comentando as passagens de *A Mecânica* dedicadas ao exame das noções de espaço e de tempo absolutos, Albert Einstein (1879-1955) reconhece que Mach lhe abriu a via.[7] Em 1947 ainda, em uma carta ao seu amigo o físico italiano Michele Besso (1873-1955), ele escreve: "Eu vejo o seu mérito particular no fato que abrandou o dogmatismo concernindo os fundamentos da física que havia sido dominante durante o século XVIII e o século XIX".[8]

---

6   Em maio de 1824, Sadi Carnot (1796-1832) publica suas *Reflexões sobre a Potência Motora do Fogo e sobre as Máquinas Próprias para Desenvolver essa Potência*. Os 600 exemplares impressos do volume não encontram primeiramente quase nenhum eco. Em 1834 o engenheiro Émile Clapeyron (1799-1864) faz a primeira menção às *Reflexões* em uma dissertação publicada pelo *Jornal da Escola Politécnica*. A dissertação de Carnot apenas será definitivamente retirada do esquecimento pelo físico alemão Rudolf Clausius (1822-1888) em 1850.
7   A. Einstein. *Œuvres Choisies*. n. 5: *Science, Éthique, Philosophie*. Paris: Le Seuil/CNRS, 1991, p. 228. Einstein vai até mesmo escrever em um artigo publicado em 1916, em *Physikalische Zeitschrift*, vol. XVII, p. 101-102: "Mach tinha perfeitamente detectado as fraquezas da mecânica clássica e ele não estava longe de afirmar a necessidade de uma teoria da relatividade geral, e isso já faz quase meio século!".
8   Pode-se compreender a decepção e a irritação de Einstein quando pôde ler em 1921 o Prefácio dos *Princípios de Ótica Física* (E. Mach, *Die Prinzipien der physikalischen Optik*.

5.2. Economia de pensamento

Em *O Conhecimento e o Erro* (1905),[9] Mach explica-se precisamente sobre a sua concepção da pesquisa em termos surpreendentes para um positivista ou um empirista comuns. Ele expressa aí um pesar: "Que a maior parte dos cientistas que se ocuparam dos métodos na pesquisa científica designam, entretanto, a indução como o principal, como se as ciências não tivessem outra tarefa senão classificar e reunir fatos individualmente dados". Acrescenta: "A importância dessa tarefa não é sem dúvida contestável, mas ela não absorve completamente o trabalho do cientista; este deve antes de tudo achar as características as quais é preciso considerar e as suas relações, tarefa muito mais difícil que de classificar o que já é conhecido". E conclui: "O nome das ciências indutivas não é, portanto, justificado".[10] Não é a observação que se encontra no cerne do pensamento científico, mas a imaginação. A propósito de Newton, escreve: "Antes de compreender a natureza, é preciso apreendê-la na imaginação, para dar aos conceitos um conteúdo intuitivo vivo".[11] E acontece-lhe de celebrar o caráter misterioso (*das Mysteriöse*) da intuição científica.

Mach sustenta essa tese por uma argumentação evolucionista. Refere-se notadamente a Conwy Lloyd Morgan (1852-1936), um engenheiro discípulo do naturalista e zoólogo inglês Thomas Huxley (1825-1895), o *"bulldog"* de Darwin. Morgan, um dos pioneiros da psicologia animal, foi o primeiro psicólogo eleito para a Royal Society (1899). Em *An Introduction to Comparative*

Historisch und erkenntnis-psychologisch Entwickelt. Leipzig: Barth, 1921); Mach aí rejeitava a Teoria da Relatividade. Despeitado, Einstein comenta: Mach era "um bom mecânico", mas um "deplorável filósofo". Um estudo aprofundado das relações entre Mach e Einstein encontra-se em: G. Holton. *L'Invention Scientifique*. Trad. franc. Paris: PUF, 1982, p. 233-287, vivamente contestado por Paul Feyerabend. Foi estabelecido, parece, que o famoso prefácio não tinha sido escrito pelo próprio Mach, mas por seu filho!
9 E. Mach. *Erkenntnis und Irrtum. Skizzen zur Psychologie der Forschung* (1905). Trad. franc. *La Connaissance et l'Erreur*. Paris: Flammarion, 1908.
10 O que, a propósito, não era sem audácia da parte de alguém para quem havia sido precisamente criada uma cátedra de filosofia das *ciências indutivas*.
11 *La Connaissance et l'Erreur*, p. 113.

Psychology (1894), ele defendia em nome do princípio de "continuidade evolutiva" a ideia que existe uma escala das faculdades psíquicas. Mach retém daí a lei da "complexificação gradual" abolindo toda fronteira entre instinto e inteligência. A ciência, assim enraizada no instinto, é "adaptação do pensamento aos fatos, e dos pensamentos entre eles". Esse ponto de vista evolucionista confirma, segundo ele, a mais célebre das suas teses, já expressa nas últimas páginas de *A Mecânica*, aquela da "economia de pensamento". "Toda ciência propõe-se a substituir e a poupar as experiências com ajuda da cópia e da figuração dos fatos dentro do pensamento. Essa cópia é de fato mais manejável que a experiência e pode, sob várias relações, ser-lhe substituída".[12] O progresso científico, em favor do qual o autor escreve páginas vibrantes, consiste em fazer crescer essa economia reunindo "um máximo de fatos sob um mínimo de leis".

5.3. A "prova" fisiológica de uma tese filosófica

Se, mesmo em vida, Mach pôde ser considerado como um pensador estritamente positivista foi pelo conteúdo e pelas conclusões dos estudos concretos de psicofisiologia que fundou o seu evolucionismo cognitivo. Fruto de um longo trabalho iniciado vinte anos mais cedo, notadamente sobre o sentido da audição, *A Análise das Sensações*[13] tem por objeto efetivamente os dados experimentais da fisiologia das sensações que lhe permitem repensar "a relação do físico ao psíquico". Inscreve-se dentro do movimento que viu, ao mesmo tempo, o nascimento da psicologia científica. Mach não esconde a sua admiração pelas pesquisas do físico e fisiologista Hermann von Helmholtz (1821-1894), mesmo afastando-se do seu kantismo; ele homenageia o fisiologista Gustav Fechner (1801-1887) cujos *Elementos de Psicofísica*

---

12 *La Mécanique*, cap. IV, 4.
13 E. Mach. *Die Analyse der Empfindungen* (1886). Trad. franc. *L'Analyse des Sensations*. Nîmes: Ed. J. Chambon, 1996.

foram publicados em 1860, embora de modo algum compartilhe da sua filosofia da natureza.

A ambição essencial de Mach não é, aliás, contribuir com a fundação de uma nova disciplina. Ele entende primeiramente tirar as lições filosóficas dessas pesquisas para defender a sua concepção da ciência.

O seu livro abre-se com "Observações antimetafísicas" que dão a tonalidade do seu conjunto. O autor denuncia como ilusórias tanto a noção de "corpo", consideradas como coisas exteriores à nossa consciência quanto a noção de um "eu" substancial. Segundo ele, existem apenas "complexos de sensações" cuja maior ou menor estabilidade depende de circunstâncias que são exteriores tanto quanto interiores ao nosso corpo. Ele prossegue: "Uma coisa é uma abstração. Um nome é um símbolo para um complexo de elementos do qual não se considera a variação. Nós designamos o complexo inteiro por uma palavra, por um símbolo único, quando precisamos lembrar de uma vez todas as impressões que o compõem". [...] "As sensações não são 'símbolos das coisas'" – contrariamente ao que pretendia Helmholtz. "A 'coisa' é ao contrário um símbolo mental para um complexo de sensações de uma estabilidade relativa". Cores, sons, pressões, odores, espaços, tempo etc. são elementos comuns ao físico e ao psíquico, ao mundo e ao eu. Portanto, "a oposição entre o eu e o mundo, entre a sensação ou o fenômeno e a coisa desaparece, e não se lida com mais nada além da forma das conexões entre os elementos".[14] Mach esforça-se assim em trazer uma garantia científica ao seu desengajamento ontológico radical. Ele defende a ideia que a realidade da ciência é simbólica, tese que retomará Karl Pearson (1857-1936) na *Gramática da Ciência* (1892),[15] apresentando a ciência como "estenografia conceitual".

---

14 *L'Analyse des Sensations*, p. 17. Os fundadores da psicologia da forma homenagearão esse último texto por lhes ter fornecido sua inspiração primeira.
15 Trad. franc. March. Paris: Alcan, 1972.

Nessa perspectiva, a fórmula comtiana que limita todo conhecimento positivo à descrição do como dos fenômenos lhe convém. É, aliás, um mote da sua obra chamar os cientistas a renunciar ao porquê. Em *A Mecânica*, ele escreve assim: "Nós devemos limitar a nossa ciência física à expressão dos fatos observáveis, sem construir hipóteses atrás desses fatos, onde mais nada existe que possa ser concebido ou provado". Mach vai aparentemente mais longe que Auguste Comte quando afirma que, na natureza, não existe lei da refração, mas nada além de múltiplos casos desse fenômeno. "A lei da refração é um método de reconstrução conciso resumido, feito para o nosso uso e ademais unicamente relativo ao lado geométrico dos fenômenos".

5.4. A querela do átomo

Isolada do seu contexto, a tese de Mach sobre os "elementos" pôde ser interpretada em um sentido "imaterialista", ao preço de um novo contrassenso que o próprio Mach favoreceu querendo fazer compreender, por uma referência ao bispo irlandês Georges Berkeley (1685-1753), que as oposições sujeito-objeto, corpo-alma, matéria-espírito não passavam de ficções.

Esse contrassenso agravou-se devido às suas tomadas de posições na própria física. Ele entabulou, com efeito, sobre essa base filosófica, uma rude batalha contra a teoria atômica. A noção clássica de átomo como pequeno corpo indivisível constituía aos seus olhos apenas um fruto da noção metafísica da matéria. O futuro, em um sentido, deu-lhe razão. Mas no imediato, ele atacou o fundador da termodinâmica estatística, o físico austríaco Ludwig Boltzmann (1844-1906), o seu sucessor em Viena. Viu-se assim próximo do químico alemão Wilhelm Ostwald (1853-1932), promotor do "energetismo" (ou "energética"),[16] um sistema de filosofia da natureza ao qual no entanto ele nunca trouxe a sua adesão.

---

16 W. Ostwald. *Die energetischen Grundlagen der Kulturwissenschaft* (1910). Trad.franc. *L'Énergie*. 4. ed. Paris: Alcan, 1913.

A infelicidade quis que a política se tenha apoderado da questão. Depois da revolução frustrada de 1905 na Rússia, o "esquerdista" Alexandre Bogdanov (1906-1971) entende renovar as bases filosóficas do marxismo, libertando-o da interpretação "mecanicista" do materialismo que Karl Marx (1818-1883) havia aceitado e casando-o com a filosofia de Mach assimilada, erroneamente, ao "empiriocriticismo" do filósofo alemão Richard Avenarius[17] (1843-1896). Bogdanov batiza "empiriomonismo" a doutrina originada desse casamento. Em *Materialismo e Empiriocriticismo* (1909), Lênin (1870-1924) assola "os discípulos russos de Mach". Ele esmiúça os textos do físico austríaco. Ao descobrir a sua referência à doutrina de Berkeley, apressa-se em denunciá-lo como um "solipsista", um "subjetivista", hostil ao progresso científico e aliado "objetivo" dos "construtores de Deus".

A fatalidade parece ter perseguido a obra de Mach já que da mesma noção – aquela de "elementos" – apoderaram-se também os fundadores do positivismo lógico, mas para interpretá-la, por um novo contrassenso, embora inverso, como portadora de uma posição estritamente empirista! Segundo eles, Mach teria radicalizado o empirismo clássico. Os membros do Círculo de Viena – que primeiramente teve o nome de "Sociedade Ernst Mach" –, fortaleceram a coroação da sua obra trazendo para as suas tomadas de posição antimetafísicas o reforço de um método implacável provindo da nova lógica nascida nos primeiros anos do século XX.

Esses múltiplos contrassensos contribuíram para mascarar a originalidade profunda da prática filosófica de Mach. O físico-filósofo não apresenta de modo algum um quadro geral das ciências com enfoque pedagógico e político como os primeiros promotores da "filosofia das ciências". Em uma situação de crise

---

17 Professor de "filosofia indutiva" em Zurich de 1877 até a sua morte, Avenarius, autor dos *Prolegômenos a uma Crítica da Experiência Pura*, 1876, queria unificar as ciências por retomada de uma "experiência original" devolvida à sua pureza.

intelectual, ele enfatiza antes a necessidade dos pesquisadores dominarem a história da formação dos conhecimentos. Assim escreve ele: "Uma ideia encontra-se bem mais estabelecida quando se conhecem os motivos que conduziram a ela e o caminho pelo qual se chegou. Ela tira somente uma parte da sua força do laço lógico que a associa a pensamentos mais antigos, mais familiares e não contestados".[18]

Esse conhecimento histórico parece-lhe indispensável para o bem da própria pesquisa: "O estudo histórico do processo de desenvolvimento de uma ciência é indispensável, se não se quiser que o conjunto dos princípios que ela reuniu degenere pouco a pouco em um sistema de verdades adquiridas que se compreende apenas pela metade, ou até inteiramente em um sistema de puros preconceitos".[19]

---

18 *La Connaissance et l'Erreur*, p. 229.
19 *La Mécanique*, p. 249, cap. II, 8, al. 7.

6
UMA FILOSOFIA CIENTÍFICA?

6.1. O Círculo de Viena

Com o positivismo lógico, a filosofia das ciências retoma a tonalidade conquistadora dos seus primórdios. Afirmam-se um mesmo enfoque enciclopédico e ambições sociais progressistas análogas. A nova doutrina anuncia-se ao mundo em Viena em 1929 por um manifesto redigido por um grupo de cientistas e de filósofos que se reúnem livremente, mas regularmente, às quintas-feiras, desde 1924, ao redor do filósofo alemão Moritz Schlick (1882-1936). O economista e sociólogo Otto Neurath (1882-1945) foi o autor principal do texto. Com o filósofo alemão Rudolf Carnap (1891-1970), o matemático Hans Hahn (1879-1934) e alguns outros, ele homageia Schlick que, entretanto, nunca aderiu ao conjunto das teses aí enunciadas.[1]

O texto intitula-se *Manifesto da Concepção Científica do Mundo*. O estilo é bem o de uma declaração: uma "guinada" na filosofia é anunciada e mostrada. Muito mais que de uma nova escola de filosofia, trata-se de um movimento que se dá por primeiro objetivo operar a transmutação científica da filosofia.

---
1 *Manifeste du Cercle de Vienne et Autres Écrits*. Sob a dir. de A. Soulez. Paris: PUF, 1985.

Os fundadores do positivismo lógico consideram que a "revolução relativista" confirmou as teses que eles atribuem a Mach. Em particular a filosofia kantiana do conhecimento parece-lhes mortalmente atingida. A polêmica não está ausente do seu texto. Ela visa em particular as escolas neokantianas ainda bem implantadas dentro das instituições universitárias de língua alemã. Censuram a escola de Heidelberg – Wilhelm Windelband (1848-1915), Heinrich Rickert (1863-1936), Emil Lask (1875-1915) – por contribuir em manter a divisão tradicional entre "ciências da matéria" e "ciências do espírito" em benefício acadêmico dessas últimas. Eles propõem unificá-las sobre novas bases. Não se opõem menos ao kantismo renovado da escola dita (pelos seus adversários) de Marbourg – Hermann Cohen (1842-1918), Paul Natorp (1854-1924), Ernst Cassirer[2] (1859-1938). Cohen alegava salvar Kant dele próprio face às geometrias não euclidianas. No seu livro-mestre, *A Teoria Kantiana da Experiência* (1871),[3] ele havia empreendido "despsicologizar" as análises da estética transcendental (contra Helmholtz que as havia, ademais, "fisiologizado"). Arriscando forçar certos textos e apagar alguns outros, Cohen sustentava que Kant não havia de modo algum identificado o espaço euclidiano a uma estrutura do espírito humano; que havia focalizado a sua interrogação sobre as condições de possibilidade de uma ciência matemática da natureza. Seria preciso distinguir o espaço euclidiano, pertencendo à versão newtoniana dessa ciência, da forma da intuição que o torna possível. Cohen concluía que a estética transcendental não era de modo algum refutada pela descoberta das geometrias não euclidianas.

Os positivistas lógicos defendem, ao contrário, a ideia que o espaço-tempo einsteiniano, conferindo um sentido físico à

---

2 E. Dufour. *Hermann Cohen: Introduction au Néokantisme de Marbourg*. Paris: PUF, 2001, e A. Philonenko. *L'École de Marbourg: Cohen, Natorp, Cassirer*. Paris: Vrin, 1989.
3 H. Cohen. *La Théorie Kantienne de l'Expérience*, 1871. Trad. franc. Dufour et Servois. Paris: Cerf, 2001.

geometria não euclidiana do matemático alemão Bernhard Riemann (1826-1866), desqualifica uma tese maior da *Crítica da Razão Pura*. Em 1935, durante o "Congresso de Filosofia Científica" em Paris, Hans Reichenbach (1891-1953), líder da Escola de Berlim e cofundador com Rudolf Carnap da revista "Erkenntnis", o órgão oficial do Círculo, apresenta de modo mais geral o positivismo lógico como originado da "desagregação do a priori". O Manifesto propõe retornar para aquém de Kant, a uma concepção empirista do conhecimento. Daí vem a apelação de empirismo lógico, o qual ele coloca em uso como uma equivalência do positivismo lógico.

6.2. A "nova lógica"

Mas se a filosofia nova apresenta-se como positivista, ela se serve principalmente do papel inédito que faz a lógica desempenhar. Uma lógica nova que rompe tanto com a lógica formal de Aristóteles quanto com a lógica transcendental de Kant ou com a lógica especulativa hegeliana. A lógica matemática, que Carnap e os seus amigos chamavam primeiramente "logística", nasceu dos esforços engajados nos últimos anos do século XIX para superar as dificuldades ligadas aos paradoxos afetando a teoria dos conjuntos. As *Principia Mathematica*[4] de Bertrand Russell e Alfred North Whitehead (1861-1947), *Os Fundamentos da Aritmética*[5] de Gottlob Frege (1848-1925) e o *Tractatus Logico-philosophicus*[6] de Ludwig Wittgenstein (1889-1951) aparecem como os seus textos fundadores.

Carnap interpreta-os como tendo provocado uma "revolução" em matemática ao mesmo tempo em que transformavam a

---

4 *Principia Mathematica*, Cambridge University Press, I, 1910; II, 1912; III, 1913.
5 *Die Grundlagen der Arithmetik Eine logisch-mathematische Untersuchung über den Begriff der Zahl*. Breslau: Koebner, 1884 [Trad. franc. Imbert. *Les fondements de l'Arithmétique*. Paris: Le Seuil, 1969].
6 L. Wittgenstein. *Tractatus Logico-Philosophicus* (texto inglês com correções do texto publicado em alemão em 1921, prefácio de Russell). Londres, 1922 [Trad. franc. Klossowski. Paris: Gallimard, 1961; nova trad. Granger. Paris: Gallimard, 1993].

lógica de alto a baixo.⁷ A matemática teria se tornado um ramo da lógica. "Acontece que todo conceito matemático pode se deduzir das noções fundamentais da lógica e que todo teorema matemático pode ser deduzido dos teoremas fundamentais da lógica". Mas essa logicização da matemática somente tornou-se possível pela matematização da lógica. Realização de um sonho de Gottfried Wilhelm Leibniz,⁸ o homem que presidiu a "emancipação do pensamento em relação ao seu conteúdo" e ousou, em primeiro lugar, tentar "transformar as regras da dedução em regras de cálculo". As suas propostas sendo "tão rigorosas quanto aquelas da matemática", a nova lógica é chamada a revolucionar a filosofia, uma vez que, com ela, doravante, "os problemas de filosofia serão calculados da mesma maneira que os problemas matemáticos".

6.3. Verificação e significação

É ao *Tractatus de Wittgenstein*, publicado em 1921, mas redigido durante a Primeira Guerra Mundial, que os partidários da "concepção científica do mundo" referem-se essencialmente para definir a sua posição em filosofia. Eles afirmam que esse pequeno livro ao estilo oracular contém o primeiro enunciado do princípio dito de "verificação" que se torna a chave da sua doutrina. O aforismo 4.024 do volume enuncia, com efeito, que "compreender uma proposição quer dizer saber o que é o caso quando ela é verdadeira"; e, nas suas *Observações Filosóficas*, redigidas no tempo do Manifesto, Wittgenstein escreve: "O sentido de uma proposição é o método usado para responder a ela". Friedrich Waismann (1896-1959), o colaborador de Schlick especialmente encarregado pelo Círculo de seguir

---

7 Die alte und die neue Logik, *Erkenntnis*, vol. I, 1930-1931 [Trad. franc. *L'Ancienne et la Nouvelle Logique*. Paris: Hermann, 1933].
8 Cf. Russell. *A Critical Exposition of the Philosophy of Leibniz*. Cambridge: Cambridge University Press, 1900 [Trad. franc. *La Philosophie de Leibniz* (1908). Reed. Archives Contemporaines, 2000].

a evolução do pensamento de Wittgenstein, tira dessa sentença, em 1930, o *slogan*: "O sentido de uma proposição é o seu método de verificação".

Tal parece mesmo ser a pedra angular da doutrina inicial do Círculo. Se todos os enunciados "dotados de sentido" podem ser divididos entre enunciados "analíticos" (tautologias e contradições que não nos ensinam nada sobre o real) e "sintéticos" que nos ensinam alguma coisa sobre o real, então, em virtude do princípio de verificação, explica Carnap, esses últimos enunciados devem poder ser "colocados em correspondência" com um dado empírico imediato. No seu primeiro livro, *A Construção Lógica do Mundo* (1928), ele constrói sobre essa base um sistema geral de todos os conceitos científicos das ciências da natureza; sistema que repousa em definitivo sobre a possibilidade de reduzir todos os objetos do conhecimento aos "simples" objetos da percepção sensível. Ele atribui à sua doutrina o nome de "fisicalismo" e postula, ademais, conformemente ao princípio do "atomismo lógico" (Russell), a independência mútua das proposições elementares. Aos olhos de Carnap, somente então o discurso científico é dotado de sentido. O inobservável não pode ser considerado como real.

6.4. "Eliminar a metafísica"

Os enunciados da metafísica aparecem como "pseudoproposições" aplicando-se a "pseudo-objetos" e dando lugar a "pseudoproblemas". Em uma proposição do tipo "A rosa é vermelha", a linguagem funciona justificadamente sobre o modo "material"; a proposição designa uma realidade exterior observável. Mas uma proposição do tipo "A rosa é uma coisa", que se apresenta como sendo da competência do mesmo modo material, tem somente a sua aparência; "coisa" não é um observável nos mesmos termos que "vermelha". Em tal proposição a linguagem funciona no modo formal. A proposição em realidade tem por objeto apenas uma regra sintática que determina o uso da palavra "rosa". Convém, portanto, "reduzir" a proposição "A rosa é uma coisa" à seguinte: "A palavra rosa é o símbolo de uma coisa". A pergunta metafísica "O que é uma coisa" repousa assim sobre uma confusão dos dois usos e dá lugar a uma série de "pseudoproposições". Essas pseudoproposições freiam o progresso dos conhecimentos científicos, como Mach mostrou sobre a noção newtoniana de "massa". Na ordem das "ciências do espírito", elas justificam fervores politicamente perigosos invocando, por exemplo, "a alma de um povo" no modo material. A nova lógica constitui uma arma decisiva para eliminar a metafísica do campo do conhecimento humano e libertar o pensamento humano das suas mais tenazes ilusões.

6.5. Depurar a linguagem da ciência

A questão dos enunciados de base, tecnicamente batizados "enunciados protocolares", opõe os membros do Círculo entre eles; o "princípio de verificação" está submetido a um exame crítico. Não existem, objeta notadamente Neurath a Carnap, "enunciados protocolares primitivos", nenhum enunciado final que não deva ele próprio se submeter à verificação. A "linguagem da experiência fenomenal" não é, como crê Carnap, uma linguagem "pura"; ao contrário, está carregada de termos imprecisos e equívocos; não se pode, portanto, confiar sem crítica a relatórios de observação do tipo: "Rudolf, dia 11 de janeiro de 1928, no laboratório de física da universidade de Viena; a agulha do voltímetro encontra-se em frente ao quarto marco inscrito sobre o seu mostrador". Por outro lado, os enunciados protocolares podem entrar em concorrência uns com os outros; precisamos da possibilidade de rejeitar alguns em função do sistema teórico adotado.

Nos seus livros ulteriores, Carnap aceitará essas críticas, reforçadas por aquelas de Karl Popper (1902-1994) e de outros filósofos. Mas ele não abandonará o projeto de formular uma linguagem universal da ciência sobre uma base fisicalista. Essa linguagem será concebida como construída sobre enunciados "aceitos" em virtude de uma convenção sintática passada entre pesquisadores. Moritz Schlick, do seu lado, manterá até a sua morte, em 1936, a sua oposição à própria noção de "enunciados protocolares". Ele indica muito bem a questão filosófica tradicional que jaz atrás daquela dos enunciados protocolares: a da verdade. E sobre essa questão dividem-se por muito tempo os membros do Círculo. Neurath sustenta contra a tradicional ideia de "verdade-correspondência" uma concepção da "verdade-coerência". Schlick retruca-lhe: "Aquele que exige somente a coerência, sem mais, como critério da verdade deve considerar contos fantásticos como tão verdadeiros quanto uma narrativa histórica ou quanto o conteúdo de um tratado de química, com a única condição que sejam habilmente inventados e isentos de contradições".

Entretanto, não se apreciaria ao seu justo valor essa renovação do projeto de "filosofia das ciências", se fosse reduzido à sua dimensão técnica, lógica e epistemológica. Otto Neurath dirigiu em nome do Círculo a elaboração de uma *Enciclopédia da Ciência Unificada*. O espírito racionalista militante do Manifesto tem aí a sua confirmação. Um verdadeiro programa de desenvolvimento das ciências humanas e sociais esboça-se, pela análise lógica da linguagem das disciplinas existentes. Retomando, em um sentido filosófico novo, a expressão que William Whewel havia usado em *The Philosophy of the Inductive Sciences, Founded upon Their History*,[9] falar-se-á de filosofia não das ciências, mas da ciência (*The philosophy of science*) capaz de abolir a distinção entre ciências da natureza e ciências do espírito.

Em psicologia, o Círculo toma posição a favor do behaviorismo. Os autores do Manifesto julgam, com efeito, que a sua

---

9 W. Whewell. *The Philosophy of the Inductive Sciences, Founded Upon Their History*, 1840, 2 vol.

tentativa de "apreender o psiquismo através do comportamento dos corpos, a certo nível acessível à observação, está, no seu princípio, próximo da concepção científica do mundo".

Em economia política, pelas mesmas razões, a despeito de hesitações e de divergências, eles oferecem o seu apoio à escola keynesiana. Em sociologia, às diversas variantes do funcionalismo.

Esses revolucionários em filosofia defendem um programa coerente de reformas sociais. A esse programa de racionalização, os seus primeiros textos acrescentam um toque utopista quando eles dizem esperar da elaboração de um idioma formal, logicamente depurado, o estabelecimento da compreensão universal entre os povos.[10]

Na Europa de 1929, esse programa podia parecer de um otimismo ingênuo enquanto subiam os perigos.[11] O Círculo, ligado ao partido social-democrata, notadamente pela personalidade muito forte de Neurath, antigo membro do governo espartaquista da Baviera, e contendo muitos pensadores de origem judia, foi coagido à diáspora ao longo dos anos 1930. A história terá querido que, transferido aos Estados Unidos, o seu programa tenha ali encontrado uma acolhida favorável conforme as expectativas das forças vivas do país ao sair da Grande Depressão.[12]

---

10 Posição evidentemente próxima do ideal esperantista.
11 Freud aparece mais lúcido em *O Mal-estar na Civilização* que publica no mesmo ano em Viena.
12 O livro de A. J. Ayer. *Language, Truth and Logic*. Reed. Harmondsworth: Penguin Books, 1971, apresenta ao público inglês o essencial da doutrina em 1936.

7
WITTGENSTEIN FACE AO POSITIVISMO LÓGICO: UM MAL-ENTENDIDO

O nome de Ludwig Wittgenstein[1] figura ao lado dos de Albert Einstein e de Bertrand Russell por entre os três "representantes principais da concepção científica do mundo" anexada ao texto do Manifesto de 1929. Mas, é ao preço de um verdadeiro quiproquó, pois Wittgenstein nunca teve a intenção de promover uma concepção científica do mundo. A sua reflexão nunca se inscreveu sob a perspectiva de uma filosofia das ciências ou da ciência.

Quando Wittgenstein considera novamente o positivismo lógico, em 1929, ele não se reconhece na imagem que o Círculo lhe remete de si mesmo. Apesar das solicitações, ele recusa associar-se aos trabalhos desses cientistas-filósofos que se valem do *Tractatus*. Irritado, ao invés de responder às perguntas de epistemologia que lhe fazem, ele recita poemas do escritor indiano Rabindranâth Tagore (1861-1941). Apenas consente em entabular uma conversa com Moritz Schlick em 1927, e depois em

---
[1] Para uma biografia desse personagem fascinante, engenheiro, lógico, arquiteto, músico, jardineiro, enfermeiro militar, professor de filosofia etc. ver R. Monk. *Wittgenstein: Le Devoir du Génie*. Paris: Odile Jacob, 1993.

explicitar os caminhos do seu pensamento diante de Friedrich Waismann durante breves estadas em Viena em fins de 1929 e fins de 1931.

Wittgenstein dirige-se somente a si próprio em detrimento dos seus interlocutores. Interroga-se em voz alta sobre quais das teses que tenha defendido puderam dar lugar ao que considera como um grave mal-entendido na interpretação do seu pensamento. Pode-se ler a obra ulterior de Wittgenstein como o aprofundamento do reexame dos princípios do seu pensamento inicial. Ele não terá cessado durante um quarto de século de desfazer o *Tractatus*!

Dia 18 de dezembro de 1929, ele declara sob o modo de confissão: "Eu acreditei antes que havia a linguagem corrente, aquela que todos nós falamos habitualmente e uma língua primária que expressa o que conhecemos verdadeiramente, a saber, os fenômenos".

Trata-se aí de um dos temas maiores do *Tractatus*. Testemunha o aforismo 4.0031 onde ele escreve: "O mérito de Russell é de ter mostrado que a forma lógica da proposição não é necessariamente a sua forma real". O que lhe permite caracterizar a filosofia como "crítica da linguagem", e depois (4.112) como "clarificação lógica do pensamento".

Fiel nisso ao *Tractatus*, o Manifesto define a filosofia não como uma doutrina, mas como uma "atividade": "Clarificar problemas e enunciados, e não colocar enunciados propriamente filosóficos constitui a tarefa do trabalho filosófico. O método dessa clarificação é o da análise lógica". Mas a ambição exibida do Círculo de Viena consiste em unificar, graças a esse novo método filosófico, os diferentes ramos do saber e em "transformar racionalmente a ordem social e econômica".

7.1. O "místico"

Em uma célebre carta ao seu editor Ludwig von Ficker (1880-1967), Wittgenstein dava uma finalidade bem diferente à clarificação lógica. A intenção do seu livro, afirmava ele, era "ética".[2] Pensava ter demonstrado que "aquilo de que não se pode falar, é preciso calar". Célebre aforismo que convém relacionar com aqueles que o precedem imediatamente: "A solução do problema da vida observa-se com o desaparecimento desse problema" (6.521) e: "Há seguramente o inexprimível. Este se mostra, ele é o elemento místico".

Wittgenstein visa aqui aqueles que fizeram do "problema da vida" a questão central da filosofia. São os filósofos alemães da Natureza recolocados em lugar de honra por Wilhelm Dilthey (1833-1911) no âmbito de uma filosofia da Vida apresentada como o fundamento de todo conhecimento. O "místico", para esses *Naturphilosopher*, é a união, a fusão do Eu e do Mundo. O resultado mesmo da crítica iniciada, a partir de 1795 pelo filósofo alemão Friedrich Wilhelm Schelling (1775-1854), da "separação" estabelecida pela ciência newtoniana entre o homem e a natureza. Frente a esses pensadores, Wittgenstein não nega de modo algum que haja o incognoscível, o místico. Mas recusa que esse indizível seja objeto de um discurso que pretenderia chamar a atenção disso.

Quando o leem e o retomam, os membros do Círculo de Viena suprimem sistematicamente do *Tractatus* o seu último aforismo e escolhem a citação que lhes convêm: "Aquilo que se deixa dizer, deixa-se dizer claramente". Fazem disso o argumento de um ataque contra "a metafísica" sob o estandarte do espírito dos Iluministas; propõem "uma maneira de pensar hostil à especulação e fixada na experiência". À "visão do mundo" romântica (*Weltanschauung*), eles opõem uma "concepção do

---
2 A. Janik e S. Toulmin. *Wittgenstein, Vienne et la Modernité*. Paris: PUF, 1978. A. Janik. *Wittgenstein's Vienna Revisited*. New Brunswick: Transaction Publishers, 2001.

mundo" (*Weltauffassung*) racional. E quando evocam a Vida, nas últimas linhas do Manifesto, é conferindo-lhe, sob maiúscula irônica, um sentido sociológico: "Nós somos testemunhos que o Espírito da concepção científica do mundo não cessa de penetrar ainda mais as formas de vida privada e pública, a educação, o ensino e a arquitetura etc. A concepção científica do mundo serve a Vida e a Vida a recebe".

Carnap, em um célebre artigo sobre a "superação da metafísica pela análise lógica da linguagem" (1931), ataca Martin Heidegger, mas também Fichte, Schelling, Hegel e Bergson. Se ele poupa Friedrich Nietzche (1844-1900), é por ter tido o mérito, no seu Zaratustra, de escolher "não a forma mistificadora da teoria, mas abertamente a forma da arte, a poesia". Os metafísicos são, aos olhos desse lógico, "músicos sem talento".

Wittgenstein não se expressava de modo algum nesses termos quando evocava o inexprimível; considerava a segunda parte do seu livro "a mais importante" – aquela que não podia ser escrita porque era preciso calar sobre aquilo de que se tratava. Ademais, ele incluía naquilo que não se pode dizer – o místico – não somente a ética (6.42 e 6.421) mas a relação entre a lógica e o mundo. Essa relação "mostra-se". Não há nada a ser dito. A ideia de uma teoria do conhecimento não é somente ausente do *Tractatus*; ela aí se encontra, implicitamente, mas firmemente, recusada. O programa do Manifesto visto do *Tractatus*, não era senão uma aberração e, quando os seus autores se referiam a ele, era uma impostura e uma traição.

7.2. Linguagem e lógica

Atrás da questão da linguagem jaz a questão da lógica.[3] O começo do *Tractatus*, tomando emprestados à epistemologia modelos de Heinrich Hertz (1857-1894), coloca uma

---

3 A referência será aos estudos eruditos de J. Bouveresse. Notadamente *Le Mythe de l'intériorité*. Paris: Ed. de Minuit, 1976.

"semelhança" de natureza lógica – um isomorfismo – entre o "quadro", que a proposição constitui, e a realidade: "O que cada quadro, da forma que for, deve ter em comum com a realidade para poder representá-la por completo – justamente ou falsamente – é a forma lógica, isto é, a forma da realidade" (2.181). A lógica, dirá Wittgenstein é "espelho do mundo". Ele afirma que os enunciados elementares são independentes uns dos outros. Não adere, porém, ao "atomismo lógico", pois esses "estados de coisas" não são identificáveis a "dados sensíveis"; são elementos de uma construção abstrata que correspondem a uma "representação" não no sentido de uma *Vorstellung*, mas de uma *Darstellung*. No vocabulário filosófico alemão, a primeira palavra designa uma imagem mental ou um pensamento que se tem no espírito. É nesse sentido que Kant a emprega correntemente. Por Darstellung, entende-se antes um quadro, um modelo, em resumo uma representação construída. O mal-entendido está, portanto, completo quando os membros do Círculo acreditam poder justificar-se através de Wittgenstein para colocar-se à procura dos famosos "enunciados protocolares" simples que teriam podido se relacionar a elementos sensíveis empiricamente controláveis.

A posição do *Tractatus* é, de resto, muito nítida: "O mundo é a totalidade dos fatos, não das coisas", e "os fatos dentro do espaço lógico constituem o mundo". Porque esse espaço lógico é "um esboço de construção de todos os fatos possíveis" (Gilles Gaston Granger), o "fato" é a existência de um "estado de coisas", o qual é ele próprio uma combinação de objetos. Mas esses objetos mesmos, objetos simples (2.02) que constituem a "substância do mundo" (2.021), isto é, "aquilo que existe independentemente daquilo que acontece" (2.024), são as "formas estáveis", em definitivo o "algo em comum" entre o mundo real e o quadro que o representa. Perceber aí dados sensíveis elementares e acomodar assim o pensamento de Wittgenstein no campo das filosofias empiristas do conhecimento constitui um contrassenso.

7.3. Os jogos de linguagem

Ao formular a crítica da sua posição anterior, Wittgenstein não se contenta em denunciar com meias palavras esse mal-entendido que precipitou os membros do Círculo em discussões durante anos. Ele abre também no seu próprio pensamento uma via nova; a que vai lhe permitir retomar a questão da linguagem, e, por via de consequência, a da natureza da filosofia. A direção seguida anuncia-se já na conversa do dia 21 de setembro de 1931: "Eu acredito agora que compreender não é absolutamente um processo psicológico particular que [...] vem acrescentar-se à percepção da imagem da frase (Satzbild). Quando eu ouço uma frase ou leio uma frase, é verdade que diversos processos se desenrolam em mim. Emerge em mim alguma coisa como uma imagem de representação (Vorstellungbild), há associações, e assim por diante. Mas todos esses processos não são o que me interessa aqui. Eu compreendo a frase na medida em que a uso. Compreender não é, portanto, de modo algum um percurso particular, mas é operar com a frase".

O exemplo ao qual recorre já nos faz tropeçar no mundo das *Investigações Filosóficas* publicadas a título póstumo em 1953.[4] "Há aqui um vidro de benzina. Para que isso me serve? Pois, para limpar! Agora, há ali colada uma etiqueta com a inscrição 'benzina'. Pois bem, por que essa inscrição está ali? Eu limpo com a benzina, mas não com a inscrição. Pois essa inscrição é um ponto de aplicação para um cálculo, a saber, para o uso. Eu posso dizer-lhe, com efeito: 'Vá buscar a benzina!'". A etiqueta faz regra. Está acabada a concepção designativa da linguagem.

---

4   L. Wittgenstein. *Investigations Philosophiques*. Paris: Gallimard, 1961.

A filosofia das ciências

Da definição da significação dos enunciados através do seu método de verificação, a passagem faz-se aqui em direção a uma definição pelo uso – mote de todos os textos ulteriores. E já a atenção fixa-se sobre as regras do referido uso. O "grande espelho lógico do mundo" encontra-se partido. Não é mais a suposta ordem dada *a priori* dos enunciados que escruta Wittgenstein, são os seus jogos, a sua diversidade e a natureza das suas regras. O jogo de xadrez vem assim ocupar o centro da meditação filosófica. Com ou sem razão, esses textos deram impulso a um novo movimento filosófico, o da filosofia analítica dita da "linguagem comum".

8
VIENA NA AMÉRICA: DE CARNAP A QUINE

Foi nos Estados Unidos que o positivismo lógico conheceu os seus maiores sucessos a partir do fim dos anos 1930, devido à chegada massiva dos vienenses exilados quando emergiu o nazismo. Estes, ajudados por alguns colegas e discípulos americanos, conquistaram rapidamente posições institucionais importantes.

O primeiro membro do Círculo de Viena a ter emigrado foi Herbert Feigl (1902-1988). Primeiramente auxiliar de ensino de filosofia no Iowa em 1933, e depois, a partir de 1940, professor na Universidade do Minnesota, onde criou em 1953 o Center for Philosophy of Science. E a sua atividade institucional se enriquece devido à direção, junto com May Brodbeck, dos *Readings in the Philosophy of Science*.

Carnap, professor de filosofia natural na Universidade Alemã de Praga desde 1931, exila-se e ganha Chicago no fim de 1935, graças à ajuda de Charles Morris (1901-1979) e de Willard Van Orman Quine (1908-2000). Vai tornar-se cidadão americano em 1941.

De origem alemã, antigo aluno de Reichenbach, Carl Gustav Hempel (1905-1997), "vienense" em 1929-1930, torna-se assistente de Carnap em Chicago em 1937, antes de ensinar em Nova Iorque, Yale, Princeton e Pittsburgh. Hans Reichenbach, depois de ter emigrado para Istambul em 1933, chega aos Estados Unidos em 1938. Ensina na Universidade da Califórnia em Los Angeles até a sua morte em 1953.

Uma comunidade intelectual forma-se assim, beneficiando-se do apoio de Quine que ensinará filosofia em Harvard de 1936 a 1978. A partir do seu Ph.D., bolsista, este último havia feito uma viagem para a Europa que o havia conduzido notadamente a Praga – onde ele havia encontrado Carnap –, a Varsóvia – onde havia conhecido os lógicos Alfred Tarski (1902-1983) e Jan Lukasiewicz (1878-1956) – e depois a Viena. Tendo feito contato com Moritz Schlick, ele havia apresentado um seminário notável diante do Círculo em 1933.

O sucesso dos "Vienenses" foi tão rápido e tão completo que se terminou por esquecer até mesmo a existência prévia de uma filosofia propriamente americana: a do transcendentalismo de Ralph Waldo Emerson (1803-1882) e de Henry David Thoreau[1] (1817-1862). E não se evocava praticamente mais, até os anos 1970, o "pragmatismo" do lógico e filósofo Charles S. Peirce (1839-1914) que inventou a palavra, e o do filósofo William James (1842-1910) que inflectiu o seu sentido em direção a um empirismo radical. Devia-se simplesmente reconhecer que Rudolf Carnap e Otto Neurath haviam-lhes tomado emprestados alguns conceitos graças aos seus contatos com Charles Morris e Clarence Irving Lewis (1883-1964).

A ascensão institucional do positivismo lógico foi acompanhada por uma especialização da filosofia. Ela abandonou a

---

[1] Foi essa tradição que S. Cavell empreendeu reavaliar. *Une Nouvelle Amérique Encore Inapprochable: De Wittgenstein à Emerson* (1988). Trad. franc. S. Laugier-Rabaté. Combas: Éd. de l'Éclat, 1991.

cena pública onde a haviam instalado certos pragmatistas como o próprio James e, sobretudo antes dele, John Dewey (1859-1952). Isolou-se dos debates culturais, literários, artísticos e políticos. Rejeitando toda consideração de história, virou as costas à história da filosofia. Manifestou somente desprezo contra as escolas da filosofia europeia, que se tratasse da fenomenologia, do existencialismo ou do marxismo.[2] Nos Estados Unidos, a filosofia tornou-se "um punhado de problemas com métodos de resolução cada vez mais sofisticados".[3]

Nesse quadro geral, a filosofia da ciência destaca-se da história das ciências. Ela encontra aí na melhor das hipóteses, ilustrações. A sua tarefa segundo o voto de Hans Reichenbach, retomado por tantos outros, consiste não em se interrogar sobre o "contexto de descoberta", mas sobre o "contexto de justificativa" dos conhecimentos. Aqui a esperam alguns problemas canônicos, infatigavelmente reexaminados: a indução, com efeito, a verificação, a confirmação, a unidade da ciência etc. Os filósofos têm o seu repertório de exemplos, mais ou menos exóticos: corvos pretos com esmeraldas "vazuis".[4] Até mesmo aqueles que quiserem se opor à corrente dominante deverão dela apoderar-se e exercer a sua agilidade lógica sobre eles.

---

2 *La Pensée Américaine Contemporaine* (1985). Sob a dir. de J. Rajchman e C. West. Trad. franc. Lyotard-May. Paris: PUF, 1991.
3 Ibid., p. 36.
4 N.T. (Nota do tradutor): No original em francês "vleues", jogo de palavras com o *v* de *vert(e)* – verde – no lugar do *b* de *bleu(e)* – azul – feminino plural.

9
A QUESTÃO DA INDUÇÃO

9.1. Formulação clássica: David Hume

A questão da indução colocada na ordem do dia pelos primeiros textos de Russell e depois de Carnap apresenta-se por eles como herdada de David Hume. Em *Investigação sobre o Entendimento Humano* (1748) tanto quanto no seu *Tratado da Natureza Humana* (1739-1740), foi interrogando-se sobre a noção de causalidade na perspectiva de fundar uma ciência – newtoniana – do homem, a começar por aquela "dos poderes e da economia do espírito", que ele definiu os seus termos.

O que dizemos ao certo quando afirmamos, por exemplo, que a vibração da corda deste violino é "a causa" deste som particular? Que há entre essa vibração e esse som mais que uma simples consecução, mais que uma relação de sucessão, mais que uma conjunção; há entre esses dois acontecimentos uma "conexão necessária".[1] De onde vem essa ideia? Se somos, como Hume quer ser, empiristas consequentes, respondemos: da experiência. Mas como tirar da experiência a ideia de necessidade? Do fato que, explica Hume, cada vez

---
1 D. Hume. *Enquête sur l'Entendement Humain*, seção VII.

que nós dedilhamos ou vimos dedilhar essa corda desse jeito, ouvimos esse mesmo som. Por essa repetição, um hábito criou-se nas nossas mentes, uma "transição costumeira da imaginação de um objeto para aquele que o acompanha habitualmente". Uma espera, uma crença e, ressalta ele, "nada mais". Tão logo um homem sente que um acontecimento está em conexão com outro dentro da sua imaginação, ele também sente que pode facilmente predizer a existência de um a partir do aparecimento do outro. "Portanto, quando dizemos que um objeto está em conexão com outro, queremos somente dizer que esses objetos adquiriram uma conexão dentro do nosso pensamento e que fazem surgir esta inferência que faz de cada um a prova da existência do outro". Contrariamente ao que esperava Newton, as causas primeiras ficarão para sempre escondidas.

Esta conclusão cética acordará Immanuel Kant do seu "sono dogmático" (leibniziano) e o conduzirá a buscar nas faculdades do espírito humano formas a priori que possam garantir a validade universal, objetiva, das leis científicas.

9.2. Formulação contemporânea: Bertrand Russell

Os filósofos que viraram as costas ao kantismo e ao idealismo alemão (Schelling, Hegel etc.) para retornar a posições empiristas radicais reencontraram, aberta, a questão de Hume. Foi o caso de Bertrand Russell a partir de 1912.[2] Ele retoma os exemplos humanos clássicos. "Por que estamos convencidos que o pão não nos envenenará?", mas também, sobretudo: "Por que estamos todos persuadidos que o sol se levantará amanhã? Trata-se de uma crença cega, simples depósito da experiência passada, ou pode ela ser racionalmente justificada?".

---

2 B. Russell. *The Problems of Philosophy*. Oxford: Oxford University Press, 1912 [Nova trad. franc. por Rivenc. *Problèmes de Philosophie*. Paris: Payot, 1989].

Se nós invocarmos as leis do movimento, precisaremos reconhecer que a única razão de acreditar na permanência dessas leis reside no fato que os fenômenos obedeceram-lhes até o presente, na medida em que o nosso conhecimento do passado nos permita julgar. Mas, pergunta Russell, um número qualquer de casos passados conformes a uma lei, por maior que seja, constitui uma prova que a lei se aplicará ao futuro?

Se a resposta for negativa precisamos admitir que essas previsões são somente prováveis; que tudo o que podemos buscar é "uma razão de pensar que é plausível que elas sejam confirmadas".

No animal também se constata que um acontecimento que se produziu certo número de vezes provoca a espera do seu retorno. Teríamos, por conseguinte, razões para acreditar na "uniformidade da natureza"?

As exceções que se apresentam ao espírito (o sol pode não se levantar amanhã, por exemplo, se houver um eclipse ou se eu me situar no polo) foram superadas e explicadas pela ciência. Leis do movimento e gravitação não se acharam invalidadas. Admitindo, portanto, que esta regularidade valha para o passado, que razão temos nós para acreditar que valerá no futuro? Será respondido: porque o que estava por vir tornou-se passado sem cessar e a experiência que adquirimos dos "futuros passados" (Russell) sempre confirmou a existência desta regularidade.

Mas essa resposta é circular. Se, efetivamente, nós temos a experiência dos futuros passados não temos as dos futuros por vir. Parecerão eles com os futuros passados? A pergunta está aberta.

Esse raciocínio não se aplica somente ao futuro, mas igualmente aos fenômenos cuja experiência no passado nós não tivemos quando lhes aplicamos as leis que regem a nossa experiência presente (formação do sistema solar, geologia etc.). Russell formula assim o "princípio da indução" em dois tempos:

"(a) Quanto maior for o número de casos em que uma coisa do gênero A achou-se associada a uma coisa do gênero B, maior é a probabilidade que ela seja sempre associada a B (contanto que não tenha havido nenhum caso conhecido de ausência de associação)".

"(b) Sob as mesmas condições, um número suficiente de casos de associação fará com que a probabilidade que A seja sempre associado a B tenda em direção à certeza, a lei geral aproximando-se então da certeza além de todo limite determinável".

Russell endossa, à sua maneira, nesse ponto o ceticismo de Hume. "Todo conhecimento que usa como apoio a experiência, mas nos ensina alguma coisa cuja experiência não temos, está fundado sobre uma crença que a experiência não pode nem confirmar nem refutar".

A pergunta dita da justificativa da indução assim feita, depois reformulada e formalizada, constituiu um ponto de vivas discussões na filosofia da ciência americana.

A ambição de inúmeros filósofos-lógicos permaneceu a de trazer uma resposta positiva a essa questão pela elaboração de uma "lógica indutiva". Outros, acompanhando e reorientando as remodelações às quais Carnap precisou submeter a sua doutrina, chamaram a atenção para certos aspectos despercebidos da questão de tal modo a renovar a sua significação.

Para Carnap, o raciocínio indutivo deve abandonar qualquer pretensão em estabelecer a verdade de uma proposição e contentar-se em conferir-lhe certa probabilidade, chamada "grau de confirmação" ou "probabilidade lógica". As regras para atribuir um grau de probabilidade às proposições gerais sobre a base da probabilidade das proposições particulares devem ser, aos seus olhos, estritamente formais ou analíticas. Assim, ele nunca abandonou o projeto de elaborar uma "lógica indutiva" explicando como as provas trazidas pela observação podem sustentar hipóteses mais gerais. Ele colocou em pauta a questão da confirmação.

Hans Reichenbach apresenta no que lhe concerne uma defesa pragmática da indução. Se existirem regularidades na natureza, isto é, se for possível predizer certos fenômenos, o uso da indução é o melhor meio de chegar a previsões confiáveis, se ao menos for identificada a probabilidade com a frequência relativa observada.

9.3. A questão da confirmação

Carl Gustav Hempel apodera-se de um aspecto essencial do percurso indutivo deixado de lado pela maioria dos lógicos que se interessaram pela indução. No âmbito da sua concepção dedutiva-nomológica (DN) da ciência que focaliza a sua atenção sobre as inferências demonstrativas, ele não se interroga sobre a formulação de uma hipótese ou de uma lei universal a partir da observação de casos particulares, mas sobre a confirmação[3] de uma hipótese ou de uma lei dada. Apoia-se em um trabalho do lógico francês Jean Nicod[4] (1893-1931). Em que condições somos levados a afirmar que uma observação particular confirma uma hipótese ou uma lei que supostamente enuncia uma propriedade ou uma relação válida para todos os objetos aos quais ela se aplica? Hempel faz surgir aqui um curioso paradoxo, dito desde então dos "corvos pretos". Nós acreditamos espontaneamente, por exemplo, que cada observação de um corvo preto vem sustentar o enunciado segundo o qual "todos os corvos são pretos". Mas se nos limitarmos à forma lógica do raciocínio, o enunciado "todos os corvos são pretos" é equivalente a "todos os não-pretos são não-corvos". Ora, a confirmação de um enuncia-

---

3   C. G. Hempel. "Studies in the Logic of Confirmation", Mind, 1945, 54; reproduzido em *Aspects of Scientific Explanation and Other Essays in the Philosophy of Science*. Nova Iorque: The Free Press, 1965.
4   J. Nicod. *Le Problème Logique de l'Induction*. 2. ed. Paris: PUF, 1961. Ver também o artigo "Loi" de P. Jacob, In: l'*Encyclopaedia Universalis* (2. ed.).

do deve valer para os seus equivalentes. Mas aqui tropeçamos em uma dificuldade. A observação de um cisne branco (não preto, não corvo) poderia ser tida, por equivalência, como uma confirmação do enunciado que "todos os corvos são pretos". Para evitar esse paradoxo, conviria considerar que predicados negativos não podem pretender constituir classes naturais de objetos. Mas essa tese não pode ser em nenhum caso logicamente fundada. Ela é antes da competência da ontologia. Elementos de metafísica vêm, portanto, alojar-se no cerne do raciocínio mesmo em nome do qual se entende afastá-la do conhecimento.

Em 1966, ele publica uma *Philosophy of Natural Science*[5] onde propõe um fisicalismo abrandado e a ideia de uma redução da biologia (conceitos e leis) à física no interior de uma teoria unificante que enfrentaria o neovitalismo. Apoiando-se no behaviorismo, ele desenha o horizonte de uma psicologia que poderia a prazo ser "reduzida" à neurofisiologia – mesmo se reconhece que os pesquisadores ainda estão afastados disso. Ele conclui mais geralmente preconizando "a redutibilidade dos conceitos e das leis próprias às ciências sociais [...] aos conceitos e às leis da psicologia individual, da biologia, da química e da física".[6]

Sobre esse último ponto, Hempel toma emprestado do filósofo americano de origem tcheca Ernest Nagel[7] (1901-1985), especialmente a mais conhecida das suas obras *The Structure of Science*.[8]

---

5 C. G. Hempel. *Philosophy of Natural Science*, Englewood Cliffs, NJ: Prentice-Hall, 1966 [Trad. franc. Saint-Sernin. Éléments d'épistémologie. Paris: Colin, 1972].
6 Ibid., p. 172.
7 Naturalizado americano em 1919, ensinou filosofia na Columbia University de Nova Iorque de 1931 a 1970.
8 E. Nagel. *The Structure of Science*. Londres-Nova Iorque: Routledge & Kegan Paul, 1961.

10
DA PREDIÇÃO À PROJEÇÃO: GOODMAN

Nelson Goodman (1908-1998), que ensinou durante muito tempo na universidade da Pensilvânia antes de ser nomeado para Harvard, defende a ideia que o famoso "problema de Hume" foi mal apresentado. Outra dificuldade da lógica indutiva: evidenciar as circunstâncias nas quais se produz julgamentos indutivos considerados como válidos. Em *Fact, Fiction and Forecast* (1954),[1] uma das obras maiores da filosofia americana da ciência, Goodman renova completamente o problema supondo que se trata no fundo da "distinção entre predições válidas e não válidas".

Ele homenageia o trabalho de Hempel por ter sido um dos primeiros a tentar definir a confirmação ou a indução válida. Reexamina o paradoxo dos corvos, e vê aí um convite suplementar para substituir o problema da justificativa da indução (insolúvel) por aquele da sua definição.

Foi em direção à predição inerente ao percurso indutivo que se voltou. Por que mantemos certas propriedades como

---

1 N. Goodman. *Fact, Fiction and Forecast*. Universidade de Londres: Athlone Press, 1954 [Trad. franc. Abran. *Faits, Fictions et Predictions*. Paris: Éd. de Minuit, 1985].

"projetáveis" indutivamente, enquanto outras não nos parecem ser? O fato, por exemplo, que um pedaço de cobre seja bom condutor da eletricidade aumenta a credibilidade que outros pedaços de cobre sejam bons condutores e confirma, portanto, a hipótese segundo a qual "todo pedaço de cobre é bom condutor de eletricidade". Mas o fato que um homem presente neste cômodo seja o terceiro nascido da sua família não confirma a hipótese segundo a qual todos os homens presentes neste cômodo seriam os terceiros nascidos da sua família. Trata-se, porém, nos dois casos de uma generalização a partir de fatos empíricos. Como dar conta da distinção entre esses dois tipos de enunciados? Goodman propõe um exemplo famoso. Ele monta com todas as peças um "caso" que soa como um desafio a qualquer tentativa de descrever a indução pela via da única análise lógica. "Uma verdadeira obra de arte", afirmará Hilary Putnam[2] (1926-2016).

"Suponhamos que todas as esmeraldas examinadas antes de certo instante *t* sejam verdes. No instante *t*, então, as observações confirmam, portanto, a hipótese: todas as esmeraldas são verdes".

"Suponhamos agora, prossegue Goodman, que eu introduza um novo predicado, menos familiar que 'verde': o predicado 'vazul' que se aplica a todas as coisas examinadas antes de *t* desde que sejam verdes, e a todas as outras coisas desde que sejam azuis".[3]

Por definição, as duas predições "todas as esmeraldas examinadas no futuro serão verdes" e "todas serão vazuis" são ambas confirmadas pelos enunciados descrevendo as mesmas observações. Mas de fato, se uma esmeralda examinada depois de *t* é vazul, ela é azul e não pode, portanto, ser verde.

---

2 Ibid., ver o prefácio da tradução francesa.
3 Goodman inventa uma palavra: "vleu", formada a partir de "vert" e de "bleu" (em inglês, *glue*, formada a partir de *green* e *blue*) - cf. nota 76.

Nós vemos bem qual dessas duas predições incompatíveis encontra-se confirmada, mas para nos atermos à definição, é impossível distingui-las.

Hume, nota Goodman, negligenciava o fato que certas regularidades não engendram hábitos. Nem todas as predições fundadas sobre as regularidades são válidas. Como então distinguir as propriedades que são "projetáveis" daquelas que não o são? Assim apresenta-se o "novo enigma da indução". Goodman não pretende resolvê-lo. Ele indica um caminho ("em direção a uma teoria da projeção") que conduz para fora do empirismo clássico. É o grau de implantação (*entrenchment*) de um predicado que o torna mais ou menos "projetável". Mas para avaliar essa implantação, a lógica permanece sem recursos; é necessário voltar-se em direção à história das projeções que sempre-já foram feitas.

Nesta via, jamais se encontrará nenhum começo absoluto, pois o "espírito está em ação desde a partida, emitindo projeções espontâneas em todas as direções. Pouco a pouco, o mecanismo corrige e canaliza o seu processo projetivo".[4]

A partilha faz-se, portanto, de acordo com as projeções que foram realmente já feitas. De onde este princípio de eliminação: "Uma projeção deve ser rejeitada se for incompatível com outra tendo por objeto um predicado mais bem implantado".[5] É o caso de "vazul", menos bem implantado no uso que verde. Nenhum caráter sintático ou semântico permite traçar uma linha nítida de demarcação entre essas propriedades. É a implantação de um predicado dentro de uma cultura que o torna "projetável". Neste caso, "verde" é reputado até este dia designar uma categoria ou uma classe natural.

Esse livro de Goodman, como os seguintes que abordam os mundos da arte e da poesia,[6] aproxima a sua posição filosófica

---

4 Ibid., trad. franc., p. 98.
5 Ibid., trad. franc., p.105.
6 N. Goodman. *Ways of Worldmaking*. Indianapolis: Hackette Publishing, 1978 [Trad.

daquela de Wittgenstein das *Investigações filosóficas*. Ele aí protesta, servindo-se de todos os recursos da lógica formal, contra "a moda do formalismo em excesso" (Putnam).

---

franc. *Manières de faire des mondes*. Nîmes: Éd. J. Chambon, 1992].

11
NATURALIZAR A EPISTEMOLOGIA?

A publicação em 1951 do artigo de Willard Van Orman Quine sobre *Two Dogmas of Empiricism* (*Dois Dogmas do Empirismo*)[1] foi um marco no questionamento de certos pressupostos filosóficos maiores da doutrina vienense.

Primeiro dogma: a dicotomia operada pelos positivistas lógicos entre verdades analíticas e verdades sintéticas. Quine considera que essa dicotomia, herdeira de uma tradição filosófica que passa por Kant, é desprovida de fundamento, porque a noção de verdade analítica não é confiável – o que ele estabelece por uma análise da noção de sinonímia e uma tese famosa sobre "a indeterminação da tradução".

Segundo dogma: o do reducionismo, tal qual, por exemplo, Carnap o executa em *A Construção Lógica do Mundo*.[2] Quine apoia-se em uma tese proposta pelo químico e historiador das ciências Pierre Duhem[3] (1861-1916) no seu tempo.

---

[1] W. V. O. Quine. *From a Logical Point of View.* 2. ed. rev. Harvard: Harvard University Press, 1980. [Trad. franc. In: *De Vienne à Cambridge, l'Héritage du Positivisme Logique de 1950 à nos Jours.* Textos escolhidos e traduzidos por P. Jacob. Paris: Gallimard, 1980, p. 87-112].
[2] *Der logische Aufbau der Welt*, 1928.
[3] P. Duhem. *La Théorie Physique.* Paris: Chevalier et Rivière, 1906, 2a parte, cap. VI, § 2.

Duhem tinha retomado a questão tradicional da "experiência crucial".[4] No *Novum Organum* (1620),[5] Francis Bacon, abrindo a via para uma ciência não aristotélica, tinha mostrado como, por certas experiências (ou observações), o pensamento humano situa-se na "encruzilhada dos caminhos", instado a escolher entre várias direções de pesquisa. Dessas célebres páginas, tirou-se a ideia de "experiência crucial", no sentido em que uma experiência bem determinada e adequadamente montada estaria em medida de decidir entre duas teorias em competição.[6]

Ora Duhem, invocando a experiência do físico francês Léon Foucault (1819-1868), que supostamente decidiu entre a teoria corpuscular e a teoria ondulatória da luz, mostra que nunca é uma hipótese isolada (aqui a newtoniana da emissão) que está submetida à prova, mas "todo um conjunto de hipóteses"; neste caso, o conjunto das proposições admitidas por Newton e, depois dele, por Pierre-Simon Laplace (1749-1827) e pelo astrônomo e físico francês Jean-Baptiste Biot (1774-1862). A questão delicada é de precisar nesse conjunto qual das hipóteses que se encontra refutada pela experiência, e deve, portanto, ser modificada. Um astrônomo, por exemplo, que predisse a presença de um corpo celeste em tal lugar e que descobre que se enganou, não deve concluir imediatamente que a sua teoria é refutada. É possível que seja a teoria do telescópio que esteja em questão e seria permitido a ele, na ocasião, salvar a sua teoria por uma ou várias "hipóteses auxiliares".

Quine generaliza essa tese e afirma que em cada prova é o todo do conhecimento que se encontra submetido ao controle experimental. Em consequência, fala-se seguidamente da "lei de Duhem-Quine". A qual diz que os enunciados não afrontam

---

4 Ibid., p. 414-415.
5 F. Bacon. *Novum Organum*. Trad. franc. e introd. Malherbe et Pousseur. Paris: PUF, 1986.
6 Ver I. Hacking, *Representing and Intervening*, 1983. Trad. franc. Ducrest. *Concevoir et Expérimenter*. Paris: C. Bourgois, 1989.

senão coletivamente o tribunal da experiência e que é vão querer definir todos os conceitos usados pelas ciências a partir daqueles que remetem diretamente aos domínios dos observáveis.

Quine permanece um defensor do empirismo lógico. Para ele, a teoria verificacionista da significação é efetivamente intangível. Ele continua a ver na lógica o instrumento essencial da análise filosófica. Mantém a filosofia da ciência (ou epistemologia) como uma "lógica aplicada". Mas admite ser necessário renunciar a "basear" essa lógica no absoluto – pois é, então, queria-se ou não, desaguar na metafísica.

A lógica enraíza-se antes em crenças ligadas aos comportamentos de certos seres vivos. Quine junta-se à vertente evolucionista do pensamento de Mach. Ele entende "naturalizar a epistemologia".

12
DA FILOSOFIA DA CIÊNCIA
À CIÊNCIA DO PENSAMENTO

Na sua *Autobiografia*, Karl Popper gaba-se de ter matado o positivismo lógico. Precipitou-se um tanto. Inúmeros são os filósofos que continuam a inscrever o seu pensamento nessa tradição, tentando renovar o empirismo ao aproveitar da melhor maneira os progressos da lógica matemática. Apesar da oposição do seu "empirismo construtivo" às versões clássicas do positivismo lógico, pode-se dizer que a obra do epistemólogo canadense de origem holandesa Bas Van Fraassen (1941-), professor em Princeton, representa uma nova versão tão flexível quanto coerente.[1] Mas, sobretudo, essa filosofia da ciência conhece uma nova vida naquela que inspira certas correntes das pesquisas em ciências cognitivas. Essas últimas aparecem como provindas de uma parte essencial da cibernética que se impôs ao fim dos anos 1940.[2] O objetivo dos fundadores era de criar uma "ciência do pensamento". Eles queriam arrancar os fenômenos mentais do poder dos psicólogos e dos metafísicos. A lógica parecia-lhes

---
1   B. V. Fraassen. *Lois et Symétrie* (1989). Trad. franc. C. Chevalley. Paris: Vrin, 1994.
2   Ver notadamente *Introduction aux Sciences Cognitives*. Sob a dir. de D. Andler. Paris: Gallimard, 1992; e J.-P. Dupuy. *Aux Origines des Sciences Cognitives*. Paris: La Découverte, 1995.

ser a única disciplina suscetível de compreender o cérebro que eles concebiam como um dispositivo incorporando princípios de lógica nos elementos (neurônios) que os compõem.

Daí este programa de pesquisa: mostrar a cognição como um "tratamento de informação", uma manipulação regrada de símbolos. As primeiras pesquisas em Inteligência Artificial foram inspiradas por esse programa. Resultou daí notadamente a construção dos sistemas peritos e os tratamentos de imagem.

Mas foi quando os pesquisadores se voltaram para os sistemas cognitivos biológicos – e especialmente humanos – que puderam considerar as representações mentais como manifestações de um sistema formal. Essas pesquisas, que contam com um empirismo radical e um formalismo lógico sofisticado, encontram apoios em conversas realizadas no âmbito do positivismo lógico.

Elas devem atualmente levar em consideração os resultados obtidos pelos estudos do desenvolvimento do sistema nervoso central, pois esses estudos requestionam brutalmente a imagem do cérebro-computador. Foi de fato estabelecido que o cérebro deve ser considerado não como "um sistema físico destinado a uma lenta degradação por aumento de entropia" mas, conforme a ideia bernardiana, como "um sistema destinado a uma renovação sináptica e celular com morte e criação de neurônios".[3]

Esse fato, que precisou se impor contra os ideais fisicistas de muitos biólogos, traz um retorno a pressupostos filosóficos dessas pesquisas. Alguns anunciam que as ciências cognitivas aí encontrarão a ocasião de se libertarem do cognitivismo, para o seu maior benefício.

---

3 A. Prochiantz. *Machine-esprit*. Paris: O. Jacob, 2001.

13
LÓGICA OU METODOLOGIA DAS CIÊNCIAS?

Viu-se ao longo do século XX a obra filosófica de Karl Raimund Popper conquistar uma audiência cada vez mais larga. O seu maior livro, *A Lógica da Descoberta Científica*, primeiramente publicado em Viena em 1934 com o título *Logik der Forschung* (*Lógica da Pesquisa ou da Invenção*), foi traduzido para o inglês em 1959 em uma versão aumentada.[4] Tornou-se desde essa data uma referência quase ritual nos debates epistemológicos. Coagido ao exílio em 1937, Popper acha um posto na Nova Zelândia e lá mora até o fim da guerra. De 1946 a 1969, ensina na London School of Economics, a partir de 1949 em uma cátedra de "lógica e método científico"; membro da *Royal Society*, ganha título de nobreza – sir Karl – da rainha, em 1965.

Jacques Monod (1910-1976), prêmio Nobel de medicina em 1965 com François Jacob (1920-2013) e André Lwoff (1902-1994), prefacia em 1973 a tradução francesa de *A Lógica*. Ele apresenta-a como "uma destas raríssimas obras filosóficas que possam contribuir na formação de um homem de ciência,

---
4 Trad. franc. Thyssen-Rutten e Devaux com prefácio de J. Monod. Paris: Payot, 1973.

no aprofundamento, senão mesmo na eficácia da sua reflexão". Não se contam mais os especialistas das ciências sociais e humanas que a ela se referem em termos análogos. Os debates que Popper entabulou ao longo dos anos com os representantes da Escola de Frankfurt – Theodor Adorno (1903-1969), Jürgen Habermas (1929-), com o linguista americano Noam Chomsky (1928-) ou com o psicólogo suíço Jean Piaget (1896-1980) não cessaram de alargar a sua audiência.

Nesses debates, não é somente o filósofo das ciências que se exprime, mas o autor de obras de filosofia política que lhe valeram uma grande notoriedade no mundo anglo-saxão bem antes de 1959. *The Poverty of Historicism*[5] dedicado à metodologia das ciências sociais surgiu em 1944, seguido dos dois imponentes volumes de *The Open Society and its Enemies*[6] retomando de Bertrand Russell[7] a crítica do totalitarismo como consequência da doutrina platônica do filósofo-rei.

13.1. Karl Popper foi membro do Círculo de Viena?

Seguramente, não. Ele compartilhou as convicções filosóficas dos seus "amigos" positivistas? Também não, a despeito do que puderam escrever os membros da Escola de Frankfurt, e Habermas em particular. Ele até se glorifica na sua *Autobiografia* (*Autobiographie*)[8] de ser "aquele que matou o positivismo lógico". O seu pensamento elaborou-se, contudo, em Viena no

---

[5] K. Popper. "The Poverty of Historicism". In: *Economica* 11, n. 42-43, 1944 e 12, n. 46, 1945. Nova Zelândia – Londres: Routledge & Kegan Paul, 1957 [Trad. franc. Rousseau. *Misère de l'Historicisme*. Paris: Plon, 1955; Paris: reed. Presse Pocket, 1988].
[6] K. Popper. *The Open Society and its Enemies*. vol. I: *The Spell of Plato*; vol. II: *The Hight Tide of Prophecy: Hegel and Marx and the Aftermath*. Londres: Routledge & Kegan Paul, 1945 [Trad. franc. abreviada Bernard e Monod. *La Société Ouverte et Ses Ennemis*. vol I: *L'Ascendant de Platon* ; vol. II: *Hegel et Marx*. Paris: Le Seuil, 1979].
[7] B. Russell. *The Practice and Theory of Bolchevism*. Londres: Allen & Unwin, 1920.
[8] K. Popper. "Unended Quest: an Intellectual Autobiography". In: *The Philosophy of K. R. Popper*, Schilpp (ed.). La Salle, Illinois: The Library of living philosophers, Open Court, 1974 [Trad. franc. Bouveresse e Bouin-Naudin. *La Quête Inachevée, Autobiographie Intellectuelle*. Paris: Calmann-Lévy, 1981].

início dos anos 1930 em uma relação de proximidade crítica à do Círculo. Ele também considera a ciência como o modelo inacabado da racionalidade e, nos seus primeiros escritos, trata dos problemas debatidos no mesmo momento em Viena (lógica indutiva). Acredita na unidade do método científico.

Mas Popper não admite que a cientificidade de uma teoria possa ser estabelecida por exame da significação dos seus enunciados. Aos seus olhos, a filosofia não deve, aliás, se focalizar na análise da linguagem, a não ser que degenere em escolástica.[9] Meditando sobre a teoria da relatividade geral de Einstein – a qual se impôs antes de poder fazer valer qualquer observação ao seu favor, Popper sustenta a partir desse momento que não é a "verificação" empírica de uma teoria que permite dizer que é científica. Enquanto não foi refutada, uma teoria científica é sempre apenas uma hipótese mais ou menos corroborada.

Enquanto os detentores do positivismo lógico atribuíram-se a tarefa de "eliminar" a metafísica da ciência e depois da vida em sociedade para construir uma "concepção científica do mundo", Popper acaba por – mais tarde, é verdade – defender a ideia que as opiniões metafísicas são consubstanciais ao pensamento científico. Guiam a formulação das grandes hipóteses destinadas a serem submetidas à prova dos testes empíricos. Os Vienenses afirmam-se resolutamente antikantianos? Popper não teme, desde a sua *Lógica*, referir-se à *Crítica da Razão Pura*. "Em quais condições posso estar seguro de dispor de uma teoria científica?". Questão de direito, ressalta ele, pois quer evitar todo "psicologismo" e reata com o questionamento kantiano para dar conta do conhecimento por via lógica, ainda que se interrogue ao mesmo tempo, como Mach, sobre o processo de

---

9 Popper nunca fez na sequência nenhuma concessão à corrente "analítica" da filosofia, dita da "linguagem comum", que se desdobrou na Inglaterra, e depois nos Estados Unidos, por referência às *Investigações Filosóficas* de Wittgenstein assim como à obra do filósofo britânico John Langshaw Austin (1911-1960).

desenvolvimento dos conhecimentos. Ele caracteriza assim a sua posição filosófica como racionalista e crítica.

13.2. A falseabilidade ou refutabilidade

A unidade da sua obra organiza-se em torno do enunciado de um critério de demarcação entre as teorias que podem com todo direito pretender serem ditas "científicas" e aquelas da ordem da "pseudociência". Esse critério é conhecido como critério de "falseabilidade" ou de "refutabilidade". Dir-se-á de uma teoria científica que ela é científica quando do conjunto coerente das proposições que a constituem pode-se deduzir ao menos um enunciado singular designando uma prova empírica que poderia refutá-la. Assim acontece com a teoria einsteiniana da gravitação: "Se o intervalo em direção ao vermelho das linhas espectrais devido ao potencial de gravitação devia não existir, então a teoria geral da relatividade seria insustentável". Não acontece o mesmo para o marxismo e a psicanálise que Popper denunciará como imposturas politicamente perigosas pelo seu dogmatismo.

O enunciado desse famoso critério forma em todo o caso o núcleo de uma filosofia do conhecimento que se opõe a toda forma de empirismo: o percurso científico não é de modo algum indutivo – ele não procede por observações repetidas e formulação de leis. Apresenta-se como "hipotético-dedutivo". É o enunciado de conjeturas audaciosas que vem antes, as quais são em seguida submetidas à prova da observação e da experimentação.[10] A palavra "lógica" nos escritos de Popper não designa, portanto, a lógica matemática. A lógica da descoberta apresenta-se bem mais como uma metodologia.

---

10 K. Popper. *Conjecctures and Refutations: The Growth of Scientific Knowledge*. Londres: Routledge & Kegan Paul, 1963 [Trad. franc. de Launay. *Conjectures et Réfutations: La Croissance du Savoir Scienti*fique. Paris: Payot, 1985].

Popper gaba-se desde os seus primeiros textos de ter assim trazido uma solução definitiva ao "problema humano da indução". Hume tinha, segundo ele, perfeitamente razão em "fazer aparecer que a indução não pode ser logicamente justificada".[11] Dos casos cuja experiência tivemos, nós não podemos tirar nenhum argumento nem sobre a certeza nem sobre a probabilidade de casos cuja experiência não temos. Portanto, Popper considera como fadadas ao fracasso todas as tentativas contemporâneas para fundar uma "lógica indutiva".

Mas se ele concorda assim com Hume sobre o problema lógico da indução, não acontece o mesmo quanto à resposta para a questão psicológica que esse raciocínio coloca. "Como é possível que toda pessoa sensata espere que casos cuja experiência não teve se conformem àqueles cuja experiência ela teve?". Popper não quer como Hume enraizar essa "espera" e a crença que a acompanha na natureza humana. Convém distinguir muito claramente os enunciados de probabilidade propriamente ditos, que atribuem uma probabilidade dada a um acontecimento que se antecipa em uma sequência de acontecimentos, dada ou possível, e as avaliações da probabilidade de que tal ou tal enunciado seja verdadeiro ou falso. Ele vai esforçar-se em construir uma teoria geral frequentista e objetiva[12] das probabilidades que permita dar conta dos sucessos obtidos pela física graças a predições provindas de avaliações hipotéticas de probabilidades.

13.3. Uma epistemologia evolucionista

A partir do núcleo das teses assim coordenadas, Karl Popper construiu, ao longo das décadas, um dos mais amplos sistemas

---

11 Ibid., p. 61.
12 À definição "subjetiva" adotada pelo economista britânico John Keynes (1883-1946) da probabilidade como "grau de crença racional", Popper opõe aquela do economista austríaco Ludwig von Mises (1881-1973) em *Wahrscheinlichkeit Statistik und Wahrheit* (1928).

filosóficos do século XX. Ele visa a cobrir todos os campos do saber e da ação, das ciências da natureza às ciências políticas passando pela psicologia, pela linguística, e pela teoria da arte. A filosofia deve ser, aos seus olhos, "quadro do mundo".

Os seus últimos livros têm por primeiro objetivo fundar a metodologia da demarcação sobre dados tomados emprestados das ciências biológicas segundo duas direções: um recurso a certo darwinismo para dar conta da seleção das hipóteses que constituem o mundo relativamente autônomo do conhecimento objetivo (Konrad Lorenz);[13] um empréstimo crítico das neurociências (Sir John Eccles) para basear biologicamente este processo que procede por "tentativas e erros".[14] Reexamina correlativamente as bases metafísicas do seu quadro do mundo tendo em consideração desenvolvimentos da mecânica quântica. Para melhor sustentar uma concepção determinista do conhecimento científico em movimento, ele a apoia em uma "metafísica indeterminista": o universo é irresoluto.[15]

---

13 K. Popper. *Objective Knowledge: An Evolutionary Approach.* Oxford: Clarendon Press, 1972 [Trad. franc. abreviada Bastyns. *La Connaissance Objective.* Bruxelas: Éditions Complexe, 1978].
14 K. Popper; J. Eccles. *The Self and its Brain.* Londres: Springer, 1977.
15 K. Popper. "The Open Universe". 2ª parte de *The Postscripts to the Logic of Scientific Discovery.* Londres: Hutchinson & Co., 1982 [Trad. franc. Bouveresse. *L'Univers Irrésolu, Plaidoyer pour l'Indéterminisme.* Paris: Hermann, 1984].

14
METODOLOGIA REFINADA: LAKATOS

Imre Lakatos (1922-1974), filósofo nascido na Hungria, antigo aluno de György Lukács (1885-1971), comunista e resistente ao nazismo, é preso na primavera de 1950. Depois da revolução fracassada de 1956, ele refugia-se na Inglaterra. Interessa-se por matemática; a ela dedica a sua tese de Ph.D. em King's College. Uma versão revista será publicada de modo póstumo em 1976 com o título de *Proofs and Refutations*,[1] uma maneira de diálogo platônico em torno da conjuntura de Leonhard Euler (1707-1783) sobre os poliedros, que é para ele a ocasião de se interrogar sobre a natureza dos objetos matemáticos.[2] Hostil ao formalismo contemporâneo que considera como incapaz de prestar contas da prática efetiva dos matemáticos, ele empreende aplicar-lhes as teses que Popper elaborou a propósito das ciências físicas. Este último o recruta em 1960 para a London School of Economics. Lakatos lhe sucederá em 1969.

---

1 I. Lakatos. *Proofs and Refutations: The Logic of Mathematical Discovery*. Cambrigde: Cambridge University Press, post. 1976 [Trad. franc. *Preuves et Réfutations*. Paris: Le Seuil, 1979].
2 Euler interessava-se pela classificação dos poliedros. Estabeleceu pela primeira vez em 1758 que para todos os poliedros regulares $S - A + F = 2$ (onde S representa o número dos vértices, A o número de arestas e F o número de faces de um poliedro).

Ele elabora de fato uma metodologia geral própria. Modifica o procedimento popperiano estrito das "conjeturas e refutações" sobre um ponto decisivo. Contrariamente ao que supõe Popper, não existe, na história efetiva das ciências, sustenta ele, "experiência crucial" que refutaria uma teoria submetida a uma prova empírica. Em realidade, sempre se lida com a concorrência de "programas de pesquisa científica" visando detalhar uma área determinada do real. Cada programa comporta um "núcleo duro" (*hard core*), isto é, um conjunto de hipóteses e de leis fundamentais colocadas como inatacáveis, cercado por "um cinturão de proteção" (*protective belt*). Para cada programa a sua "heurística" – um conjunto de técnicas admitidas para a solução dos problemas. Ilustração desse dispositivo: o programa newtoniano de pesquisa. O seu "núcleo duro" é constituído pelas três leis do movimento e por aquela da gravitação universal. Pertencem em revanche ao "cinturão de proteção" a ótica geométrica, a teoria da refração etc. A heurística: o cálculo diferencial inventado pelo próprio Newton para o seu próprio uso.

Toda a questão é de avaliar esses programas. Ora, na sua rivalidade, alguns se revelam progressivos, outros degenerescentes. No primeiro caso, a dialética das provas e das refutações permite formular predições inesperadas e descobrir fatos inéditos. Um programa é degenerescente se for limitado a manobrar tão habilmente quanto possível, por hipóteses *ad hoc*, para salvar o seu "núcleo duro" face às anomalias que se apresentam.

Para Lakatos, que acaba por atacar o "falsificacionismo ingênuo" de Popper, a filosofia das ciências deve assim visar produzir "reconstruções racionais"[3] do percurso científico. Ela deve descrever a ciência, não tal qual, mas tal como deveria ter se apresentado se a sua autonomia fosse inteira. A história externa é aquela dos fatores econômicos, sociais e tecnológicos

---
3 Expressão posta em uso por Carnap em 1928.

que tiveram um impacto sobre a história dos conhecimentos. Ele não quer levar isso em consideração. Se, portanto, defende a história interna da ciência, é para adotar uma versão depurada de qualquer consideração psicológica ou institucional. Jan Hacking nas páginas severas que lhe dedica denuncia "esta concepção do crescimento do saber como algo de não humano".[4]

O fato é que Lakatos assim relançou o forte debate em meio aos historiadores das ciências entre "internalistas" e "externalistas". Da sua parte, se pleiteia uma história interna assim concebida, o faz em definitivo porque unicamente esta lhe parece capaz de manifestar o progresso da racionalidade que aí se cumpre. Pôde-se ver nesta convicção um traço indelével do seu hegelianismo de juventude.

---

4 *Conceber e Experimentar*, p. 205-206.

15
A METODOLOGIA EM PROCESSO: FEYERABEND

Tão opostas quanto tenham podido ser entre elas, para terminar, as filosofias da ciência de Popper e de Lakatos apresentam-se ambas como metodologias gerais. Compreende-se o impacto imediato da obra de Paul Feyerabend (1924-1994) publicada em 1975 e intitulada *Against Method*.[1] Tocava no cerne dessas duas teorias que apareciam então, no mundo anglo-saxão, como as duas únicas concepções das ciências susceptíveis de enfrentar o positivismo lógico. Um gosto certo pela provocação – ele se deseja um "anarquista", um "dadaísta" epistemológico – contribuiu para o seu renome.

Esse filósofo nascido em Viena torna-se aluno em Londres de Karl Popper nos anos 1950. Ensinará em seguida na Universidade de Berkeley. Ao invés de "sofisticar" a de Popper, escreve ele, melhor seria reconhecer que toda tentativa honesta para ajustar uma metodologia à prática real da ciência resulta na

---
[1] P. Feyerabend. *Against Method*. Londres: New Left Books, 1975 [Trad. franc. *Contre la méthode*. Paris: Le Seuil, 1979]. Suas teses são retomadas em *Adieu la Raison et Dialogues sur la Connaissance*. Paris: Le Seuil, 1996. Sua abrangência política aparece bastante em *Science in a Free Society*. Londres: New Left Books, 1978. Uma autobiografia foi publicada e traduzida em francês: *Tuer le Temps*. Paris: Le Seuil, 1996.

confissão de que a ciência zomba de todas as metodologias. O autor encontra um visível e malicioso prazer em ver falhas em todos os preceitos, conselhos, interditos e restrições, doutamente formulados pelos metodologistas de todas as sujeições. As análises minuciosas que dedica em particular a Nicolau Copérnico (1473-1543) e a Galileu são destinadas a estabelecer duas teses correlativas: de uma parte, que as regras de toda metodologia foram efetivamente violadas e que os cientistas mais aclarados estiveram perfeitamente conscientes disso; de outra parte, que essas regras deviam ser violadas, pois essa transgressão sempre foi a condição *sine qua non* de qualquer progresso nas ciências.

A única regra "metodológica" que valha em definitivo, segundo ele, enuncia-se "*anything goes!*" ("qualquer coisa serve"). Máxima que, no seu caráter irônico, denuncia a "ilusão metodologista". Mas Feyerabend vai mais longe e interroga-se sobre a persistência dessa ilusão, uma vez que ela veicula uma imagem da ciência que se revela não somente inadequada, mas perigosa já que ameaça esterilizar o pensamento científico. Ele responde primeiramente como anarquista virulento que o seu único fim parece ser de assegurar o conforto intelectual e o poder das autoridades acadêmicas em vigor. O reino do "método" é o poder dos peritos; o poder dos peritos é a opressão dos indivíduos; a morte da liberdade.

Seguindo o Wittgenstein das *Investigações*, ele mostra depois, mais profundamente, que as noções maiores das quais se serviram as metodologias em uso (observações, fatos, experiência, evidência, razão etc.) têm significações historicamente variáveis, ligadas a "jogos de linguagem" e a "formas de vida" dominantes.

Daí essa tese, várias vezes esboçada, que toda tentativa de "fundar" metodologicamente a ciência corresponde apenas, em última análise, à esperança enganosa que se possa garantir a segurança do desenvolvimento das práticas científicas nos limites impostos pelas formas de vida existentes. A ilusão metodologista seria filha de um desejo excessivo de segurança; ela cobriria um recuo diante do risco, inerente a toda prática científica, de desordenar todas as referências admitidas do pensamento e da vida.

Feyerabend propõe o caso da referida revolução galileana que analisa meticulosamente: nesta circunstância, não se tratou de melhor observar fenômenos, mas de mudar a própria significação da palavra "observação" – portanto, também a atitude em que ela consiste – para integrá-la a um novo "jogo de linguagem" e impor através de estratégias e artifícios – uma verdadeira "propaganda"! – o novo jogo, a nova atitude contra a antiga. Galileu pagou o preço.

16
A EXIGÊNCIA HISTÓRICA: HANSON E TOULMIN

Quando surge o livro de Feyerabend, o seu sucesso é ainda mais vivo nos Estados Unidos, por estarem os mantenedores do positivismo lógico comprometidos, há mais de vinte anos com um processo de reexame dos seus pressupostos históricos. Beneficia-se igualmente da retomada de interesse em relação à história das ciências que conseguiu ali insinuar-se.

Filósofos deploram abertamente que a filosofia positivista da ciência se tenha afastado, à força de refinamentos lógicos, da prática viva das ciências. É primeiramente o caso de Norwood Russell Hanson (1924-1967), professor em Yale, de quem *Patterns of Discovery* surge em 1958.[1] Baseando-se em uma sólida formação em física e um conhecimento aprofundado da história das ciências, ele defende de início a ideia que a observação é função do quadro conceitual ou do contexto no qual são feitas as perguntas. Propõe a ideia que todo relatório de observação está "carregado de teoria" (*theory laden*). "*Seeing is An Experience*", escreve ele;[2] e são as modificações do "ver", às quais nos

---
1 N. R. Hanson. *Patterns of Discovery.* Cambridge: Cambridge University Press, 1958.
2 Ibid., p. 6.

convidam as ciências, que devem reter a atenção dos filósofos. Isso é particularmente claro com a microfísica da qual estes últimos, até então, tinham uma má percepção, lamenta ele, antes de dedicar um importante livro ao conceito de pósitron.[3] Livro no qual Hanson mostra notadamente que para "ver" vestígios de pósitron, era preciso que a teoria estivesse primeiramente presente. Enunciar: "Isto é um pósitron", não é designar simplesmente uma coisa; é sustentar um conjunto de elementos teóricos previamente aceitos.

Stephen Toulmin (1922-2009), filósofo americano nascido em Londres, foi aluno de Wittgenstein em Cambridge, defende uma tese geral que vai no mesmo sentido. Aos seus olhos, a análise filosófica é inseparável da história dos conceitos, pois os problemas filosóficos se colocam quando a significação dos conceitos fundamentais – "as concepções ideais" – sobre as quais repousam as empreitadas humanas – e notadamente as ciências da natureza – entra em crise. Pode-se aproximar essas concepções ideais das "pressuposições absolutas" do filósofo inglês Robin George Collingwood (1889-1943). Depois de ter publicado em 1953 em Londres *The Philosophy of Science*,[4] Toulmin lança em 1961 *Foresight and Understanding*,[5] que contribui para abalar o império do positivismo.

É necessário acrescentar que a associação entre filosofia e história das ciências foi ativamente praticada, desde 1960, no âmbito prestigioso do *Boston Colloquium* organizado na Boston University por Robert S. Cohen e Marc W. Wartofsky.[6] A coleção *"Boston Studies in the Philosophy of Science"*[7] contribuiu

---

3 N. R. Hanson. *The Concept of Positron*. Cambridge: Cambridge University Press, 1963.
4 S. Toulmin. *The Philosophy of Science*. Londres: Hutchinson & Co., 1953.
5 S. Toulmin. *Foresight and Undestanding*. Bloomington: University of Indiana Press, 1961 [Trad. franc. *L'Explication Scientifique*. Paris: Colin, 1973].
6 R. S. Cohen e M. W.Wartofsky (eds.). *A Portrait of 25 Years: Boston Colloquium in the Philosophy of Science*, 1960-1985. Dordrecht: Reidel, 1985.
7 Essa coleção está publicada por R. Reidel Publisching Company em Dordrecht, Boston e Londres.

fortemente para conciliar as duas disciplinas e para analisar a sua história.

Nenhum desses volumes terá, entretanto, o impacto do livro publicado pelo físico Thomas Kuhn (1922-1996) em 1962, *The Structure of Scientific Revolutions*.[8]

---

8 T. Kuhn. *The Structure of Scientific Revolutions*. Chicago: Chicago University Press, 1962 [Trad. franc. *La Structure des Révolutions Scientifiques*. Paris: Flammarion, 1970].

17
KUHN E A TENTAÇÃO SOCIOLÓGICA

17.1. Os paradigmas

Kuhn propõe a ideia que a história das ciências, bem concebida, poderia contribuir para libertar as mentes da influência e da fascinação de uma imagem da ciência que não corresponde à prática efetiva dos cientistas. Ele escreve: "A história, se fosse consentido considerá-la como outra coisa além do relicário da anedota ou da crônica, poderia estar à origem de uma transformação decisiva da imagem da ciência que hoje nos possui". Às diversas variantes do empirismo, Kuhn objeta pela sua vez que nunca existiu observação pura. Toda observação revela-se sustentada por uma teoria. Mas não subscreve às teses popperianas agrupadas em torno do critério de refutabilidade. Para ele o percurso da ciência não é hipotético-dedutivo. Censura Popper por basear a sua reflexão em acontecimentos que não são senão excepcionais na história das ciências. Pois é extremamente raro viver episódios "críticos" (Galileu, Einstein etc.) em que as teorias dominantes acham-se expostas sob o risco de uma eventual refutação. E não se poderia, sem abuso, tirar desses momentos excepcionais uma concepção geral da atividade científica.

Não somente a imensa maioria dos cientistas não tem a sorte de fazer descobertas decisivas, mas os pesquisadores não trabalham com a ideia de fazer tais descobertas. Limitam-se a aplicar as teorias existentes para desenvolver as suas implicações sobre tal ou tal ponto particular.

Kuhn qualifica essa atividade prosaica – o comum dos laboratórios – como "ciência normal", e a opõe à ciência heroica dos períodos de crise; ele retoma o uso da velha metáfora cosmológico-política da "revolução". Define a ciência normal como "a pesquisa firmemente credenciada por uma ou várias descobertas que tal grupo científico considera como suficientes para fornecer o ponto de partida a outros trabalhos".

Ele propõe a palavra "paradigma", de ascendência platônica, para designar o modelo em torno do qual se organiza a ciência normal. Essa palavra permanece de um uso muito vago em o seu livro de 1962.[1] Trata-se, em particular, de uma descoberta ou de uma demonstração que "faz história" e à qual se refere então a comunidade científica como um exemplo a seguir? Ou trata-se antes de um conjunto de normas e de valores compartilhados em um dado momento da história, de uma "matriz disciplinar"?[2] Os exemplos que Kuhn usa mostram que as duas interpretações não são incompatíveis. Ele menciona os nomes de Aristóteles, de Newton e de Lavoisier como tendo imposto novos paradigmas. De acordo com uma perspectiva sociológica, herdada do médico polonês Ludwik Fleck (1896-1961),[3] ele

---

1   I. Lakatos & Musgrave (eds.). *Criticism and the Growth of Knowledge*. Cambridge: Cambridge University Press, 1970. Ver o artigo de M. Masterman que marca mais de vinte acepções diferentes do termo no livro de Kuhn.
2   T. Kuhn. *The Essential Tension: Selected Studies in Scientific Tradition and Change*. Chicago: Chicago University Press, 1977 [Trad. franc. *La Tension Essentielle*. Paris: Flammarion, 1977].
3   O seu livro *Genèse et Développement d'un Fait Scientifique* foi publicado em alemão em 1935, e lido com admiração por Kuhn. Médico-filósofo, ele pertencia a uma tradição de clínicos que refletiam sobre o estatuto das entidades nosológicas arbitrariamente erigidas em absoluto, segundo eles, pelo consenso de uma comunidade em torno de certos "fatos".

designa por aí as regras admitidas e interiorizadas como "normas" pela comunidade científica em um dado momento da sua história para delimitar e problematizar os "fatos" que essa comunidade julga dignos de estudos sobre a base de um sucesso obtido e reconhecido como maior.

Quando um paradigma – por exemplo, o paradigma aristotélico ou newtoniano – reina sem reserva, os pesquisadores atarefam-se no âmbito de uma "ciência normal", isto é, ao mesmo tempo normalizada e normativa. No século XVIII, empenha-se assim em ser "newtoniano" em química, em história natural, em psicologia etc. Quando esse paradigma acha-se contestado por uma série de anomalias, como se vê com o segundo princípio da termodinâmica e as dificuldades de interpretação do eletromagnetismo de James Clerk Maxwell, entra-se em um período crítico; o apego da comunidade ao "seu" paradigma recompensa-se então por ocasião de distorções ao rigor dedutivo na elaboração e na execução das teorias. A crise acaba somente com o estabelecimento de um novo paradigma.

Mas a qual normatividade obedece a ciência dita normal? Kuhn hesita entre várias respostas a essa pergunta. Ele chega a afirmar que é a decisão do grupo que escolhe manter esta ou aquela teoria ou descoberta como paradigma. Utiliza então uma analogia com uma mudança brutal de instituições políticas. Essa tese valeu-lhe críticas afiadas: pode-se limitar-se a uma posição tão sumariamente convencionalista? Como então distinguir a ciência da teologia?[4]

Kuhn chega a responder a essas objeções seguindo uma segunda via – de resto incompatível com a ideia de "escolha" do paradigma. Ele refere-se na realidade a certos trabalhos em psicologia experimental dos processos perceptivos. A experiência dos psicólogos americanos Jerome Bruner (1915-2016)[5] e

---

4 Ver o artigo de J. W. Watkins, In: *Criticism and the Growth of Knowledge*.
5 N.T.: Ano do falecimento acrescentado no momento da tradução, em 2018, pois ainda

Leo Postman (1918-2004) sobre a percepção das anomalias de cartas para jogar, apresentadas em velocidades progressivamente reduzidas; os óculos de George M. Stratton (1865-1957) que têm por objeto a transformação do campo visual. Outra ilustração: a imagem do pato-coelho tornada célebre por Wittgenstein. O mesmo desenho mostra um coelho com as orelhas em pé ou um pato com o bico aberto no ar, segundo o ponto de vista adotado. E cada uma das duas formas revela-se suscetível de se impor alternativamente a mim. Igualmente, a instauração de um paradigma provocaria uma nova estruturação da "visão do mundo" dos cientistas. "*Gestalt-switch*", escreve Kuhn, que chega a forçar a analogia e a considerar que, da percepção à ciência, revela-se a natureza do espírito humano enquanto sujeito a tais estalos.

17.2. Descontinuidade, realismo e relativismo

Kuhn defende assim claramente uma concepção descontinuísta da história das ciências. O debate recobrou ânimo. Se cada teoria científica se revela solidária a um "paradigma", concebido como uma visão do mundo, como comparar teorias rivais entre elas? Como afirmar que uma delas é superior à outra?

Mais grave: a linguagem de cada teoria não vê o seu sentido estritamente comprometido pelo paradigma da ciência normal em que se inscreve? Renunciando à concepção continuísta de uma acumulação progressiva dos conhecimentos, não se interdita toda posição realista? Não se abre a via para um relativismo incapaz de dar conta do progresso efetivo dos conhecimentos científicos? Se for dito, seguindo Mach, que o sentido do conceito clássico de massa não é o mesmo que aquele que ele adquire na mecânica relativista, vai-se por isso negar que haja, de uma à outra, progresso no conhecimento do real?

---

em vida quando da publicação francesa, em 2015.

17.3. Sociologia das ciências

Apesar das referências de Kuhn à psicologia da forma, não são, entretanto, os psicólogos que se apoderaram em primeiro lugar do seu livro.

Em revanche, por apropriação do texto, constituiu-se nos anos 1970 uma "nova sociologia das ciências"[6] que rapidamente radicalizou os seus temas. Essa sociologia suplantou a tradição da qual Robert King Merton (1910-2003) tinha sido o inspirador, ao longo dos anos 1950, e cuja versão "marxista" estava representada pelo livro de John Desmond Bernal (1901-1971), *The Social Function of Science* (1939).[7]

Os promotores dessa sociologia compuseram a noção de paradigma com aquela de "forma de vida" (Wittgenstein). Daí tiraram a ideia do caráter fundamentalmente cultural e, portanto, político da atividade científica. Acenaram, na sua maioria, para *Contra o Método* como sendo uma contribuição à criação do caráter sociocognitivo de toda atividade de pesquisa.

Este movimento conhece uma versão militante, uma maneira de esquerdismo de laboratório do pós-68, um antielitismo representado notadamente pela associação *Science for the People* nos Estados Unidos e, na França, pelos primeiros textos de Jean-Marc Lévy-Leblond[8] na coleção "Ciência aberta" de Éditions du Seuil assim como a revista *Impascience*. Conhece depois uma versão mais acadêmica. A escola de Edimburgo organiza-se em torno das obras de Barry Barnes e David Bloor.[9] Em Bath, os trabalhos de Harry M. Collins e de David Gooding centrados no aspecto experimental e tecnológico da ciência são reconhecidos

---

6 M. Dubois. *La Nouvelle Sociologie des Sciences*. Paris: PUF, 2001.
7 J. D. Bernal. *The Social Function of Science*. Londres: Routledge & Kegan Paul, 1939.
8 J.-M. Lévy-Leblond. *Autocritique de la Science*. Paris: Le Seuil, 1975.
9 Ver B. Barnes. *Scientific Knowledge and Sociological Theory*. Londres: Routledge & Kegan Paul, 1974, e D. Bloor. *Knowledge and Social Imagery*. Londres: Routledge & Kegan Paul, 1976.

como referência.¹⁰ Na França, o movimento implantou-se na Escola de Minas (École des Mines)¹¹ e foi marcado pela publicação em inglês, primeiramente nos Estados Unidos, do livro de Bruno Latour e Steve Woolgar sobre *A Vida de Laboratório*.¹²

Nas suas versões extremistas, políticas ou acadêmicas, os detentores deste socioconstrutivismo voltaram-se contra toda filosofia das ciências, doravante reputada, por natureza, cúmplice de uma concepção tradicional da ciência e dos seus poderes.

Pode-se julgar ao contrário que existe uma complementaridade entre sociologia e filosofia das ciências uma vez que esta última se exerce sobre a história dos conceitos, a qual não poderia estar dissociada daquela das instituições de pesquisa e de ensino, e dos laços múltiplos que inserem ciências e técnicas na sociedade.

---

10 Ver notadamente H. M. Collins. *Changing Order: Replication and Induction in Scientific Practice* (1985). Chicago: University of Chicago Press, 1992.
11 N.T.: Uma das Grandes Escolas francesas.
12 B. Latour; S. Woolgar. *Laboratory Life: The Social Construction of Scientific Facts*. Los Angeles: Sage, 1979 [Trad. e adap. franc. *La Vie de Laboratoire : La Production des Faits Scientifiques*. Paris: La Découverte, 1988].

18
UMA TRADIÇÃO FRANCESA

18.1. A história filosófica das ciências

Existe uma tradição francesa de reflexão filosófica sobre as ciências estranha ao positivismo lógico. A sua originalidade assinala-se pela preocupação constante de ligar filosofia e história das ciências; mas também por uma recusa do empirismo e por uma repugnância certa ao formalismo lógico.[1]

Que filosofia e história das ciências sejam indissociáveis, este é um dos temas essenciais da filosofia do progresso que marcou profundamente a história intelectual e política movimentada da França. Auguste Comte, que dá a sua versão sistemática, designa o marquês de Condorcet (1743-1794) como o seu único predecessor por ter escrito o famoso *Esboço de um Quadro dos Progressos do Espírito Humano* (1793). A mesma convicção anima as *Considerações sobre a Marcha das Ideias e dos Acontecimentos nos Tempos Modernos* (1872) de Antoine Augustin Cournot (1801-1877).[2] Uma verdadeira história filosófica

---
[1] Quando organizam em Paris em 1935 o Congresso de Filosofia Científica, os Vienenses recebem uma acolhida hostil ou reservada da maioria dos filósofos franceses presentes, com exceção de Louis Rougier (1889-1982).
[2] A. A. Cournot. *Considérations sur la Marche des Idées et des Événements dans les Temps*

das ciências, com uma sensibilidade particular para as crises intelectuais e um lugar reservado para as probabilidades na sua concepção geral da história.

As tomadas de posição epistemológicas de Pierre Duhem a favor de um fenomenismo próximo àquele de Mach – que cita e aprova – estão ligadas aos seus trabalhos de *A Evolução da Mecânica* (1903).[3] Em *A Teoria Física, o seu Objeto, a sua Estrutura* (1906) ele usa a ideia que "uma teoria física não é uma explicação", mas antes "um sistema de proposições matemáticas, deduzidas de um pequeno número de princípios que têm por objetivo representar tão simplesmente, tão completamente e tão exatamente quanto possível, um conjunto de leis experimentais".

Quando Émile Meyerson, assessor do laboratório de Paul Schutzenberger (1829-1897) no Collège de France, opõe-se a essa concepção fenomenista e legalista para sustentar uma posição que ele qualifica de "realista", ainda é à história das ciências que recorre em *Identidade e Realidade* (1908). Para ele, uma teoria científica não poderia se resumir a uma descrição bem ordenada dos fenômenos. Chama a atenção para "a tendência irresistível da nossa mente em ultrapassar as constatações resultando de uma generalização pura e simples dos dados experimentais". Multiplica os exemplos históricos para mostrar que "a ciência está repleta de teorias explicativas", as quais não se limitam ao como dos fenômenos, mas visam elucidar o seu porquê. Tese retomada e desenvolvida em *Da Explicação nas Ciências* (1921)[4] segundo uma perspectiva histórico-crítica, sistematizada dez anos mais tarde em *Da Marcha do Pensamento*[5]

Modernes (1872). Reed. Paris: Vrin, 2000; e B. Saint-Sernin. *Cournot*. Paris: Vrin, 1998.

3 P. Duhem. *L'Évolution de la Mécanique*. Paris: Joanin, 1903; Vrin, 1992, reed.; com, em anexo, uma *"Análise do livro de Ernst Mach: A Mecânica"* ("*Analyse de l'Ouvrage de Ernst Mach: La Mécanique*").

4 E. Meyerson. *De l'Explication dans les Sciences*. Paris: Payot, 1921.

5 E. Meyerson. *Du Cheminement de la Pensée*. Paris: Alcan, 1931.

que propõe a ideia de uma psicologia da inteligência. Encontra-se o mesmo entrelaçamento da história e da filosofia das ciências no livro do filósofo e epistemólogo francês Abel Rey (1873-1940),[6] e nos seus cursos dados na Sorbonne em 1929-1930, publicados sob o título *O Espírito da Ciência e os Métodos Científicos das Origens ao Século XIX*.[7] Mas foi sobretudo a obra de Léon Brunschvicg (1869-1944), também professor na Sorbonne, figura eminente da Universidade Francesa, que se torna então referência. Segundo uma perspectiva espiritualista e criticista, ele mostra em *As Etapas da Filosofia Matemática* (1912) e depois em *A Experiência Humana e a Causalidade Física* (1922)[8] o espírito tomando consciência progressivamente dele próprio ao longo da história das ciências.

Embora o seu itinerário tenha sido diferente e não se apresente como especificamente "francês", Alexandre Koyré (1892-1964), de origem russa, escreveu uma obra de historiador-filósofo das ciências que se inscreveu nessa tradição. Os seus *Estudos Galileanos* (1940), os seus *Estudos Newtonianos* (1939), o seu texto luminoso *From the Closed World to the Infinite Universe* (1957) testemunham uma prática da história filosófica das ciências que alia o rigor do historiador à audácia de um filósofo platonizante apaixonado por teologia e mística.[9]

Pertence ainda à mesma tradição a obra original de Robert Blanché (1898-1975) que pleiteia uma "lógica reflexiva" distanciando-se do logicismo e do empirismo para melhor desembaraçar as próprias operações da razão.[10] E ainda o livro do físico politécnico

---

6   A. Rey. *La Théorie Physique Chez les Physiciens Contemporains*. Paris: Alcan, 1905.
7   A. Rey. *L'Esprit de la Science et les Méthodes Scientifiques des Origines au XIXe Siècle*. Paris: Alcan, 1931.
8   L. Brunschvicg. *Les Étapes de la Philosophie Mathématique*. Paris: Alcan, 1912; *L'Expérience Humaine et la Causalité Physique*. Paris: Alcan, 1922.
9   A. Koyré. Études Newtoniennes (1964). Paris: Gallimard, 1968; Études Galiléennes. Paris, Hermann, 1940; *From the Closed World to the Infinite Universe*, 1957 [Trad. franc. *Du Monde Clos à l'Univers Infini*. Paris: PUF, 1962].
10 R. Blanché. *Raison et Discours: Défense de la Logique Réflexive*. Paris: Vrin, 1967.

Jean Ullmo (1906-1980) que se debruça sobre o dinamismo do pensamento em prática nas ciências dos séculos XIX e XX.[11]

Por que esta tradição nunca aderiu ao empirismo que dominou o pensamento anglo-saxão, mesmo se a filosofia dos Iluministas havia se mostrado resolutamente anglófila?

Pode-se sem dúvida imputar tal questão em parte a Auguste Comte. O positivismo francês não se apresenta como um empirismo. Ele não explica a gênese do conhecimento a partir dos dados dos sentidos; o que é primeiro, segundo ele, é a "especulação" sobre as causas (no estado teológico, e depois metafísico do espírito), que unicamente pode "estimular suficientemente o desenvolvimento contemplativo".

Para conhecer, certamente, é preciso observar; mas, para observar, é preciso mover-se por uma "teoria qualquer". A assimilação do positivismo a um empirismo, que foi possível em Viena por uma reinterpretação neste sentido do pensamento de Mach, à luz de Hume, não se impõe na França.

Quanto à ideia que a lógica matemática tenha podido renovar tal empirismo trazendo-lhe um método imbatível, foi nitidamente rejeitada. Isso provém em parte dos golpes do destino que atingiram os lógicos franceses do início do século XX. Louis Couturat (1868-1914), o amigo de Bertrand Russell, o "descobridor" francês da lógica de Leibniz, morre acidentalmente aos 46 anos; Jacques Herbrand (1908-1931), o melhor da sua geração, autor de um teorema célebre, morre também brutalmente aos 23 anos; Jean Nicod, já citado, desaparece com 38 anos. O filósofo e lógico Jean Cavaillès (1903-1944) encontrará a morte sob a tortura aos 41 anos, mas terá tido tempo de tomar posição argumentada contra o positivismo lógico.

Antes dessas circunstâncias trágicas, a concepção e a prática da matemática na França não eram favoráveis ao aspecto

---

11 J. Ullmo. *La Pensée Scientifique Moderne*. Paris: Flammarion, 1969.

logicista da doutrina vienense. Foi contra Descartes que Leibniz construiu a concepção da lógica que inspirou Russell e os positivistas. Auguste Comte abriga a "verdadeira lógica científica" na matemática, mas recusa aos matemáticos o direito de "governar" pesquisas às quais podem apenas "servir". A autoridade da obra de Henri Poincaré (1854-1912) no início do século XX bastaria para dar conta. Para Poincaré, com efeito, a lógica formal não é criadora. Os procedimentos formais não podem cuidar do pensamento matemático. O ímpeto desse pensamento não deve ser reportado a uma lógica qualquer, mas a uma faculdade de intuição.[12] Daí vem a sua vigorosa polêmica com Russell, mas também com Giuseppe Peano (1858-1932) e Couturat.

A figura emblemática no século XX daquilo que alguns chamam de "tradição epistemológica francesa" permanece Gaston Bachelard (1884-1962). Admite-se que ele fundou uma epistemologia histórica.[13]

18.2. Uma epistemologia histórica: Bachelard

Personagem da lenda republicana, Bachelard, nascido em Bar-sur-Aube, primeiramente empregado dos Correios, acabou a sua carreira como professor de filosofia na Sorbonne depois de ter ensinado com paixão física e química no ensino médio. Diretor do Instituto de História das Ciências da Universidade de Paris, onde sucedeu a Abel Rey, foi eleito para a Academia das Ciências Morais Políticas em 1955. Filósofo-Jano, dedicou tanto tempo a escrutar as imagens e as metáforas de textos literários quanto a interrogar os textos científicos sobre a sua filosofia. Paralelamente à sua obra epistemológica, ele elabora efetivamente, ao longo dos anos, uma teoria da imaginação poética e uma "poética do devaneio" que lhe valem imediatamente uma

---

12 Ver em particular *La Science et l'Hypothèse*. Paris: Flammarion, 1905, cap. I.
13 D. Lecourt. *L'Épistémologie Historique de Gaston Bachelard* (1969). Reed. Paris: Vrin, 1974.

grande notoriedade internacional.[14] Uma doutrina metafísica une as duas vertentes desta obra. De ascendência schopenhaueriana, de tonalidade antibergsoniana, ela toma a forma de uma meditação sobre a descontinuidade do tempo e expõe-se em dois livros maiores: *A Intuição do Instante* e *A Dialética da Duração*.[15]

O Novo Espírito Científico[16] apresenta-se como uma reflexão sobre a novidade essencial das ciências matemáticas e físicas do início do século XX. Geometrias não euclidianas, teorias da relatividade, mecânica ondulatória e mecânica quântica convidam a repensar as bases metafísicas do pensamento científico. Essa reflexão filosófica inscreve-se de saída dentro de uma perspectiva histórica, pois Bachelard quer pensar as relações que instituem as novas doutrinas com as antigas. O que se quer dizer com este "não" que se usa para falar das geometrias não euclidianas? Uma negação, certamente, mas construtiva e abrangente.

18.3. A filosofia do não

"A generalização pelo não deve incluir o que ela nega", escreverá ele. Acrescentando: "De fato todo o desenvolvimento do pensamento científico há um século provém de tais generalizações dialéticas com envolvimento do que se nega. Assim a geometria não euclidiana envolve a geometria euclidiana; a mecânica não newtoniana envolve a mecânica newtoniana".[17]

Além dessas perspectivas gerais, *A Filosofia do Não* (1940) apresenta análises concernindo a evolução de noções fundamentais da física como a de massa ou da química como a de

---

14 *L'Eau et les Rêves: Essai sur l'Imagination de la Matière*. Paris: José Corti, 1942; *L'Air et les Songes: Essai sur l'Imagination du Mouvement*. Paris: José Corti, 1943, estão entre os mais traduzidos dos seus livros.

15 G. Bachelard. *L'Intuition de l'Instant : Étude sur la Siloë de Gaston Roupnel*. Paris: Stock, 1932; *La Dialectique de la Durée*. Paris: PUF, 1936. Ver notadamente o artigo de F. Dagognet. "Nouveau Regard sur la Philosophie Bachelardienne". In: *Bachelard dans le monde*. Sob a dir. de J. Gayon e J.-J. Wunenburger. Paris: PUF, 2000.

16 *Le Nouvel Esprit Scientifique*. Paris: PUF, 1934.

17 *La Philosophie du Non*. Paris: José Corti, 1940, p. 137.

substância; essas páginas não deixam de lembrar aquelas que Mach, citado por Bachelard, dedica às mesmas noções. Entendendo permanecer na "escola dos cientistas", Bachelard retoma as suas próprias análises sobre novas bases uma dezena de anos mais tarde para levar em consideração os mais recentes desenvolvimentos das ciências físico-químicas e do aprofundamento da sua própria reflexão.[18]

A Formação do Espírito Científico[19] explora a dimensão psicológica e pedagógica das lições que se pode tirar da novidade das ciências contemporâneas. Geralmente retém-se desses textos um conjunto de teses agrupadas em volta da ideia de "ruptura epistemológica". As ciências contemporâneas estabelecem-se, afirma Bachelard, em franca ruptura com o conhecimento comum que, ao contrário, as doutrinas clássicas do século XVII ao XIX pareciam prolongar. De onde as célebres linhas com as quais se abre o livro: "Quando se buscam as condições psicológicas do progresso da ciência, chega-se logo a esta convicção que é em termos de obstáculos que se deve colocar o problema do conhecimento científico".[20] Não há, portanto, verdades primeiras, "há unicamente erros primeiros". O espírito, quando chega diante da ciência, não é jovem, "tem a idade dos seus preconceitos". E, dentro do conhecimento científico, "nada é dado, tudo é construído". Bachelard multiplica as fórmulas que se resumem nessa sentença em que aparece claramente a prevalência da função polêmica da razão sobre o seu papel arquitetônico: "O real nunca é o que nós poderíamos acreditar; ele é sempre aquilo que deveríamos ter pensado".

Com a ajuda de exemplos atraentes tirados na sua maioria da ciência "mundana" do século XVIII, ele faz o inventário

---

18   G. Bachelard. *Le Rationalisme Appliqué*. Paris: PUF, 1949; *L'Activité Rationaliste de la Physique Contemporaine*. Paris: PUF 1951; *Le Matérialisme Rationnel*. Paris: PUF, 1953.
19   *La Formation de l'Esprit Scientifique: Contribution à une Psychanalyse de la Connaissance Objective*. Paris: Vrin, 1938.
20   *La Formation de l'Esprit Scientifique*, p. 13.

fundamentado desses obstáculos: experiência primeira, substancialismo, animismo etc. Tirando as lições da sua experiência de professor de ciências físicas, mostra como eles se enraízam dentro de "complexos" de natureza inconsciente. Tira daí o projeto de uma "psicanálise do conhecimento objetivo"[21] que deve mais a Carl Gustav Jung (1875-1961) que a Sigmund Freud. Todo conhecimento científico sendo o resultado de uma retificação, a qual supõe uma "problematização" das evidências, Bachelard considera que o essencial da pedagogia nas ciências consiste em despertar os alunos para o "sentido do problema".

18.4. "A ciência cria filosofia"

A filosofia das ciências de Bachelard não se resume, entretanto, a este núcleo temático, ela comporta além do mais uma tese de grande alcance que assinala a sua verdadeira originalidade. Essa tese exprime-se em *O Novo Espírito Científico* sob a forma de um aforismo: "A ciência cria filosofia",[22] e depois de modo polêmico e programático em *A Filosofia do Não*: "O filósofo acredita que a filosofia das ciências pode limitar-se aos princípios das ciências, aos temas gerais...".[23] Mas é bem mais interessante "retraçar a vida filosófica das noções" estudando "as noções filosóficas comprometidas na evolução do pensamento científico".[24]

A filosofia das ciências aparece assim como interna às ciências. Convém aos filósofos atentos explicitá-la e engajar-se no seu movimento sob o risco de derrubar todas as doutrinas elaboradas a propósito do conhecimento (racionalismo, realismo, positivismo, idealismo etc.). Bachelard recusa as oposições sobre as quais se estabeleceram todas as modernas teorias

---

21 Primeira realização deste projeto: *La Psychanalyse du Feu*. Paris: Gallimard, 1938, com que ele nunca ficará satisfeito como testemunham os seus esforços para escrever um *Phénix* (ver *Fragments d'une Poétique du Feu*. Editado por S. Bachelard. Paris: PUF, 1988).
22 *Le Nouvel Esprit Scientifique*, p. 7.
23 *La Philosophie du Non*, p. 4.
24 Ibid., p. 50.

do conhecimento. Ao seguir a dialética em prática no trabalho dos físicos, por exemplo, nunca se encontra efetivamente o suposto face a face de um sujeito e de um objeto, do abstrato e do concreto, do espírito e da matéria etc. O objeto é sempre apenas objetivação, o real apenas realização e o sujeito subjetivação. O que importa é o movimento. E, como lhe acontece de escrever, "no começo está a relação".

Gilbert Simondon (1924-1989), saindo de uma análise do modo de existência dos objetos técnicos, desenvolverá esta linha de pensamento por uma teoria da individuação.[25]

A reflexão epistemológica de Bachelard aplica-se às questões debatidas na "cidade científica". A sua filosofia é aberta; ela deve renovar-se com a renovação do pensamento científico e das suas condições. Essa filosofia assim engajada no movimento das ciências é uma verdadeira filosofia das ciências. Ao aplicar-se o racionalismo faz-se "regional" respeitando a diversidade das formas da racionalidade. Não se encontra nessa obra nenhum projeto de uma ciência unificada.

"É mudando de métodos que a ciência se torna cada vez mais metódica", escreve Bachelard ao termo de desenvolvimentos sarcásticos contra a ideia de um único método científico escolarmente credenciado na França desde a *Introdução ao Estudo da Medicina Experimental* (1865) de Claude Bernard (1813-1878). A sua ironia não é menos aguda que será mais tarde a de Feyerabend. Não desemboca, porém, no anarquismo, mas antes em uma injunção para sempre retomar o trabalho em função da novidade das questões a serem formuladas em cada área do saber.

Às interrogações dos físicos-filósofos do início do século XX – o real, o determinismo, o espaço, o tempo etc. – vão acrescentar-se, até mesmo substituir-se, aquelas que suscita

---

25 G. Simondon. *Du mode d'Existence des Objets Techniques*. Paris: Aubier, 1958; *L'Individu et sa Genèse Physico-Biologique*. Paris: PUF, 1964, e *L'Individuation Psychique et Collective*. Paris: Aubier, 1989.

notadamente a *Big Science* – a física dos grandes instrumentos (telescópios, aceleradores de partículas etc.), e, talvez, Bachelard preveja em 1940 aquelas que as ciências biológicas suscitarão assim que os filósofos quiserem levar em consideração a "causalidade formal".[26]

18.5. O filósofo na cidade científica

Ao longo dos anos 1930, este filósofo iconoclasta sustentava contra os positivistas que, se "o espírito pode mudar de metafísica, ele não pode se abster de metafísica".[27] Logo após a Segunda Guerra Mundial, dá ênfase nas suas análises à "fenomenotécnica" (termo paródico introduzido a partir de *O Novo Espírito Científico* para designar a produção dos fenômenos nos laboratórios), à estrutura racional da experimentação e à transformação, na "cidade científica", do racionalismo em corracionalismo.[28]

Esta concepção da filosofia das ciências envolve assim a exigência de uma cooperação entre cientistas e filósofos. Pede em particular aos filósofos para adquirir uma formação científica suficiente para julgar noções filosóficas em ação na ciência que está sendo feita. Afirma ainda "a atualidade da história das ciências"[29] enquanto a mesma oferece um material indispensável para encontrar os meandros filosóficos da conceitualização científica. Essa história, mostra Bachelard, tem como particular julgar o seu passado. Ela procede por recorrências. O espírito pode tirar algumas lições de liberdade desses julgamentos.

Afirmou-se com frequência que os filósofos franceses das ciências "ignoraram" os desenvolvimentos do positivismo lógico.

---

26 Ibid., p. 20. "Certos temas das ciências biológicas poderiam receber um desenvolvimento rápido uma vez que a causalidade formal, tão desprezada, tão levianamente rejeitada pelos realistas, podia ser estudada dentro de um espírito filosófico novo".
27 Ibid., p. 13.
28 Ver *Le Rationalisme Appliqué*.
29 Título de uma famosa conferência no Palácio da Descoberta (Palais de la Découverte) em 1951 reproduzida em *L'Engagement Rationaliste*. Paris: PUF, 1971.

Em realidade eles recusaram o essencial da doutrina em pleno conhecimento de causa. Percebe-se nitidamente os motivos dessa recusa no artigo muito documentado que Jean Cavaillès dedicou à Escola de Viena no Congresso de Praga[30] em 1935.

18.6. A questão da lógica

A primeira divergência profunda concerne o estatuto da lógica, isto é, em definitivo, a concepção que se podia ter da matemática. No seu opúsculo *Sobre a Lógica e a Teoria da Ciência*[31] Cavaillès atacará o "logicismo empirista" de Carnap segundo o qual "a matemática não tem conteúdo próprio de conhecimento". Aprovado por Bachelard que prefacia a edição póstuma do texto, apoia-se em Edmund Husserl[32] (1859-1938) para recusar a ideia de uma sintaxe universal. A lógica poderia ser, aos seus olhos, apenas coadjuvante em relação ao movimento inventivo da matemática, ele mesmo engajado no desenvolvimento das ciências físicas.

Sobre a lógica, Bachelard havia adotado, a partir dos anos 1930, a posição do matemático e filósofo suíço Ferdinand Gonseth[33] (1890-1975). Este último a definia como "uma física do objeto qualquer" e sustentava que não é possível fazer a partilha, nas asserções matemáticas, entre o que é pura lógica e conteúdo de realidade. "Não existe lógica, acrescentava ele, que possa tratar os julgamentos e as asserções, os axiomas e os teoremas como esquemas absolutamente vazios de sentido. No fundo, a ideia de uma lógica deste gênero é a irmã mais jovem da noção de verdade absoluta".[34]

---

30 *Revue de Métaphysique et de Morale*, t. 42, p. 137-149, 1935.
31 J. Cavaillès. *Sur la Logique et la Théorie de la Science* (1942). Paris: PUF, 1960.
32 E. Husserl. *Logique Formelle et Logique Transcendantale* (1929). Trad. franc. por S. Bachelard. Paris: PUF, 1957.
33 F. Gonseth. *Le Problème de la Connaissance en Philosophie Ouverte*. Textos escolhidos e apresentados por E. Emery, Lausanne, L'Âge d'homme, post. 1990, p. 48ss.
34 Posição vizinha da de Gonseth, a do matemático e filósofo italiano Federigo Enriques (1871-1946).

Ora, este é um tema constante de Bachelard desde o *Ensaio sobre o Conhecimento Aproximado* (1928) que a matemática não poderia ser concebida como uma linguagem bem-feita. Se for possível sucumbir à ilusão que o espírito científico "permanece no fundo o mesmo através das suas mais profundas retificações", é porque "não se estima ao seu justo valor o papel da matemática no pensamento científico".

A essência da matemática cabe dentro da sua potência de invenção; ela aparece como o elemento motor do dinamismo do pensamento científico. A matemática não poderia ser reduzida ao estatuto de simples linguagem que expressaria, à sua maneira, fatos de observação.

18.7. A experimentação

Segundo ponto de divergência: a ênfase dada por Bachelard não para a observação, mas para a experimentação. As observações do tipo leituras-de-índices que Carnap propõe para defender o seu fisicalismo não têm, aos olhos do filósofo francês, nenhum valor científico.[35] "Vê-se a temperatura em um termômetro; ela não é sentida. Sem teoria, jamais se saberia se o que se vê e o que se sente correspondem ao mesmo fenômeno".[36] Dito isto, os objetos que as ciências físicas exploram não são "coisas". Eles não são naturais, mas artificialmente produzidos para fins de conhecimento. E os instrumentos científicos devem ser considerados não como ferramentas aperfeiçoadas, mas como "teorias materializadas" cujo grau de precisão deve estar ajustado ao objetivo da pesquisa.

A tese bachelardiana fundamental que "a ciência cria filosofia" define assim um tipo original de filosofia das ciências. A sua

---

35 Ver, mais recentemente, P. Galison. *How Experiments End*. Chicago: University of Chicago Press, 1987.
36 *La Philosophie du Non*, p. 10.

ambição é de identificar a filosofia em andamento dentro da ciência viva, à luz da história cuja herança ela deve assumir.

Para ilustrar isso com um exemplo, Bachelard confronta o destino epistemológico e histórico de dois "fluidos" hoje em dia desaparecidos do pensamento científico ativo: o flogístico e o calórico.

O flogístico (do grego *phlogiston*, "queimado") é este "princípio ígneo" que o químico e médico alemão Georges E. Stahl (1660-1734) introduziu para dar conta dos fenômenos de combustão no âmbito da teoria dos quatro elementos.[37] Segundo ele, todos os corpos combustíveis, minerais, vegetais ou animais, contém flogístico. Quando se aquece um pedaço de metal, por exemplo, o flogístico escapa, uma "cal" metálica é produzida. Que se aqueça pela sua vez essa cal, o flogístico é reintroduzido e reencontra-se o metal.

Essa teoria conheceu um sucesso considerável no século XVIII (de tal maneira que Kant coloca expressamente Stahl na mesma posição que Tales, Galileu e Torricelli (1608-1647) no seu famoso *Prefácio à Segunda Edição* (1787) da *Crítica da Razão Pura*.[38] Ela pesou na interpretação que o químico e filósofo inglês Joseph Priestley (1733-1804) dá das suas experiências sobre a combustão quando designa o oxigênio sob a apelação de "ar deflogisticado". Foi riscada da história da química por Lavoisier que denuncia por fim, em 1785, o "flogístico" como um ser imaginário.

Bachelard comenta: o flogístico pertence à história ultrapassada da química, da ordem de um pensamento doravante inativo, incapaz de sugerir conhecimentos novos. E, sobretudo, nós podemos hoje julgar retroativamente, ele sempre constituiu apenas um obstáculo epistemológico na via de uma teoria racional da combustão. Não resta na química atual nenhum lugar para esse fluido.

---

37 Cf. B. Bensaude-Vincent. "Phlogistique". In: *Dictionnaire d'Histoire et Philosophie des Sciences* (1999). reed. 4. ed. amp. Paris: PUF, 2006 ("Quadrige").
38 M. Lequan. *La Chimie selon Kant*. Paris: PUF, 2000.

Acontece de modo bem diferente com o calórico, fluido substancial suposto de conduzir o calor. Não somente foi apoiando-se na hipótese da existência de tal fluido que Sadi Carnot pôde formular o segundo princípio da termodinâmica, mas os trabalhos de Joseph Black (1728-1799), escreve Bachelard, "afloram nas experiências positivas da determinação dos calores específicos. Ora a noção de calor específico é uma noção que é para sempre uma noção científica. Os trabalhos de Black podem, portanto, ser descritos como elementos da história sancionada".

19
UMA EPISTEMOLOGIA GENÉTICA: JEAN PIAGET

O quadro da filosofia das ciências desses anos 1930-1970 não seria completo se não se evocasse uma obra que se desenvolveu à margem das escolas dominantes em outro terreno: a de Jean Piaget. Professor em Neuchâtel, e depois em Genève, Piaget inventou em detalhes uma "epistemologia genética", que se volta primeiramente para o desenvolvimento da criança, a fim de estudar os modos de construção dos conceitos e o aparecimento das estruturas operatórias.

Essa epistemologia quer-se "científica", uma ciência autônoma livre de todo laço filosófico. O centro internacional de epistemologia genética, que ele funda em Genebra em 1956, reagrupa lógicos, matemáticos, físicos, biólogos, psicólogos e linguistas.

A sua epistemologia, escreve ele, é "naturalista sem ser positivista", ela "evidencia a atividade do sujeito sem ser idealista", "apoia-se de igual modo sobre o objeto ao mesmo tempo em que o considera como um limite (existindo, portanto, independentemente de nós, mas jamais completamente alcançado)".

Ele vê no conhecimento "uma construção contínua".[1] Psicogênese e biogênese dos conhecimentos fazem aparecer, por via de experimentações múltiplas e engenhosas, estados do desenvolvimento nos bebês que vão da indiferenciação do sujeito e do objeto ao domínio das operações formais (lógicas e matemáticas) passando pelo pensamento pré-operatório, e depois as operações concretas (7-8 anos e 9-10 anos) quando se forma em particular a noção de causalidade.

Essa epistemologia "construtivista" encontrou uma renovação de interesse no âmbito do desenvolvimento da psicologia cognitiva. Ela foi, por muito tempo, considerada próxima de certo materialismo e inspirou numerosas práticas pedagógicas.

Jean Piaget concebeu o volume coletivo da "Biblioteca da Plêiade" ("*Bibliothèque de la Pléiade*", 1967) intitulado *Lógica e Conhecimento Científico* como uma ilustração transdisciplinar das suas próprias teses, mesmo se as contribuições provêm de autores de orientações muito diversas que ele pensa poder associar à sua causa. A sua oposição aos próprios fundamentos do positivismo lógico aparece claramente. Encontra-se aí um importante capítulo sobre a situação epistemológica da biologia tratada como tal (por François Meyer), mas também uma seção de mais de trezentas páginas dedicada à epistemologia das ciências humanas, então abandonada pelas correntes maiores da filosofia das ciências.

---

1 J. Piaget. *L'Épistémologie Génétique*. Paris: PUF, 1970.

20
FILOSOFIA DA BIOLOGIA E FILOSOFIA BIOLÓGICA

20.1. Uma distinção

A filosofia francesa das ciências tanto quanto a filosofia da ciência americana construiu-se quase que exclusivamente em torno de uma reflexão sobre as ciências físicas. A biologia praticamente não reteve a sua atenção em particular, a não ser no mundo do positivismo, para fins de "redução" com base "fisicalista" comum.

Uma "filosofia da biologia" afirmou o seu projeto, a sua especificidade e as suas primeiras realizações apenas a partir do fim dos anos 1960 por ocasião de um abalo da abordagem positivista da filosofia das ciências. Lema desse tempo: a filosofia da biologia não poderia ficar reduzida a uma ilustração ou aplicação das doutrinas admitidas em filosofia da ciência. Os debates ficam ardentes entre aqueles que entraram em uma oposição frontal[1] com esta última e aqueles que fizeram tentativas de

---

1 M. Grene. *The Understanding of Nature: Essays in Philosophy of Biology*. Dordrecht: Reidel, 1974.

conciliação.² Jean Gayon ressalta como o sucesso dessa "filosofia da biologia" foi rápido e como ela foi institucionalmente sancionada durante os anos 1980 nos Estados Unidos como uma "subdisciplina" da filosofia da ciência com as suas sociedades cientistas, as suas revistas, os seus programas de estudos.

Foi bem mais uma "filosofia biológica" que constituiu Georges Canguilhem (1904-1995), filósofo e médico na área das ciências ditas biomédicas.³

20.2. Canguilhem bachelardiano

De Bachelard, Canguilhem recebe a tese segundo a qual é antes a formação dos conceitos e as suas transformações que a estrutura das teorias o que deve interessar ao filósofo das ciências. Assim, ele dedica a sua tese de filosofia a um impressionante estudo, *A Formação do Conceito de Reflexo nos Séculos XVII e XVIII* ⁴ onde mostra como o conceito fisiológico de reflexo não nasceu no âmbito de uma teoria mecanicista (Descartes) como se acabou por acreditar porque o conceito inseriu-se na sequência em tal teoria, mas naquele de uma teoria vitalista que assimilava o influxo nervoso a uma luz (a qual podia assim refletir-se e estar animada por um movimento centrípeto tanto quanto centrífugo).

É ainda a Bachelard que Canguilhem deve também o seu interesse pela pedagogia das ciências. Assim, em *O Conhecimento da Vida*,⁵ ele comenta uma prática corrente nos cursos de biologia. Um fato foi estabelecido, pergunta ele, quando se montou

---
2   M. Ruse. *The Philosophy of Biology*. Londres: Hutchinson & Co., 1973.
3   D. Lecourt. *Georges Canguilhem*. Paris: PUF, 2008 ("Que sais-je ?"). Uma bibliografia completa de Canguilhem está disponível in *A Vital Rationalist, Selected Writings From Georges Canguilhem*, editado por F. Delaporte, com uma introdução de P. Rabinow e uma bibliografia crítica de C. Limoges. Nova Iorque, Zone Books, 1994. As *Œuvres Complètes* começaram a surgir em 2011 (Vrin).
4   G. Canguilhem. *La Formation du Concept de Réflexe aux XVIIe et XVIIIe Siècles*. Paris: PUF, 1955.
5   G. Canguilhem. *La Connaissance de la Vie* (1952). Paris: Vrin, 1965.

a experiência clássica que consiste em isolar um músculo dentro de um aquário cheio de água e em mostrar que, sob o efeito de uma excitação elétrica, o músculo contrai-se sem variação do líquido? É justificado concluir deste "fato" que a contração é uma modificação da forma do músculo sem variação de volume? Resposta de Canguilhem: "É um fato epistemológico que um fato experimental assim ensinado não tem nenhum sentido biológico". Para conferir-lhe tal sentido, é preciso remontar ao primeiro que tenha tido a ideia de uma experiência dessa sorte, isto é, ao naturalista holandês Jan Swammerdam (1637-1680). Tratava-se então de mostrar que, na contração, o músculo não aumentava em nenhuma substância, contrariamente ao que afirmavam as doutrinas (galênica e estoica) então dominantes em fisiologia.

Isolado desse debate, esse fato perde o seu sentido real, histórico, para tomar lugar nas mornas dissertações sobre "o método experimental" de que se nutrem as epistemologias dogmáticas.

Mas é a Comte tanto quanto a Henri Bergson (1859-1941) e, sobretudo, à sua formação médica que Canguilhem deve ter elaborado uma "filosofia biológica" de grande alcance.[6]

20.3. O conhecimento da vida

Em 1944, do seu exílio em Dublin, o ilustre físico austríaco Erwin Schrödinger (1887-1961) lança o seu pequeno livro-manifesto *What Is Life?*.[7] Porque ele aí escreve a palavra "código" – mas em um sentido estritamente jurídico – vão depois querer ler nesse texto o primeiro enunciado do programa daquilo que ia se tornar a biologia molecular, pivô da revolução científica maior que terá marcado o pós-guerra. Sem nenhuma dúvida ele

---

6 Jean Gayon, um daqueles que se inscrevem hoje em dia dentro da tradição canguilhemiana, indicou como a expressão "filosofia biológica" foi formada por Auguste Comte em 1837 (*Cours de Philosophie Positive*. 40e Leçon).
7 S. Schrödinger. *What Is Life?* (1944). Cambridge: Cambridge University Press, 1992.

contribuiu para tal, mas esse programa antes prolongava a interrogação anterior do biofísico americano de origem alemã Max Delbrück (1906-1981) sobre as bases físico-químicas da vida. A partir de 1947, Canguilhem, que defendeu em 1943 uma tese de medicina publicada sob o título *O Normal e o Patológico*,[8] menciona o livro de Schrödinger para se interrogar sobre aquilo que ele chama de "as ambições anexionistas das ciências da matéria" em biologia. Ele afirma que os progressos contemporâneos das ciências biológicas devem ser a ocasião de "repensar conceitos filosóficos fundamentais tais como o da vida". Mas acrescenta tão logo: "Há pouco a esperar para este propósito de uma biologia fascinada pelo prestígio das ciências físico-químicas, reduzida ou reduzindo-se ao papel satélite dessas ciências. Uma biologia reduzida tem por corolário o objeto biológico anulado enquanto tal, isto é, desvalorizado na sua especificidade".

A partir de então, Canguilhem, faz as perguntas-chave de uma verdadeira filosofia biológica. Mas é a prática médica que Canguilhem toma primeiramente por objeto. Ela impõe à sua reflexão um reexame das noções de "norma", de "normalidade" e de "normatividade". Na contracorrente do positivismo dominante que celebra a medicina moderna como uma ciência, ele estabelece que o normal é sempre coadjuvante em relação ao desvio; mostra que qualquer concepção objetivista da norma como média estatisticamente estabelecida apoia-se em uma confusão que faz perder, para fins conformistas, o próprio sentido do estabelecimento das normas; lembra que a terapêutica não poderia se apresentar como simples aplicação de um saber fisiológico previamente dado. A medicina permanece uma arte, uma "arte no cruzamento de várias ciências", de acordo com a palavra que toma emprestada do cirurgião francês René Leriche

---

[8] G. Canguilhem. *Essai sur Quelques Problèmes Concernant le Normal et le Pathologique* (1943). Reed. com o título *Le Normal et le Pathologique*, acrescido de *Nouvelles réflexions Concernant le Normal et le Pathologique*. Paris: PUF, 1966.

(1879-1955), e ela supõe sempre em definitivo ao seu princípio o apelo do indivíduo que se declara doente por um julgamento comparativo concernindo a sua história própria. Não há meio de determinar o sentido do conhecer a partir dos valores da vida de que o homem sábio se encontra, como todos, tributário? "A ciência, escreve ele contra Bergson, mantém o seu sentido somente se for uma iniciativa aventurosa da vida", a qual, para atingir os seus fins próprios de conservação e de expansão, cria essas formas significantes que são os conceitos. Mas o indivíduo humano é um ser vivo particular. A sua normatividade afirma-se como uma capacidade, sem medida comum por entre os outros seres vivos, de criar novas normas, as quais se instituem em uma relação de forças que o atravessa. Não se deve consequentemente definir a saúde, à maneira de Nietzsche, como risco afirmado e assumido pelo indivíduo de transpor os seus limites para abrir novos horizontes para si?

20.4. A questão do vitalismo

Ele não hesita em inscrever a formulação dessas questões na insígnia do vitalismo, desafiando os mais inevitáveis equívocos. "Um vitalista, escreve ele, é um homem que está induzido a meditar sobre os problemas da vida mais pela contemplação de um ovo que pelo manejo de um guincho ou de um fole de forja". Ele pensa seguramente no médico francês Théophile de Bordeu (1722-1776), o mestre da Escola de Montpellier, e em Denis Diderot (1713-1784) que o encena em *O Sonho de D'Alembert*. A imagem do vitalista opõe-se à do mecanicista. Opõe-se a "aquele que quer explicar completamente a vida sem a vida". O vitalista é animado por uma "exigência", o mecanista é movido pela ambição de aplicar um "método". Mas essa exigência vitalista não poderia se reduzir à sua expressão clássica. A de todos os pensadores que, registrando os fracassos do mecanismo, especularam sobre a existência de um "princípio vital" – Paul Joseph Barthez (1734-1806) –, de uma "força vital", de uma "enteléquia" – Hans Driesch (1855-1916). Tantas noções verbais que abrigam mais a pergunta dentro da resposta ao invés de trazerem uma resposta à pergunta.

A pergunta é aquela da originalidade da vida. Essa originalidade que afirma o artigo "*O Aspecto do Vitalismo*":[9] "A física e a química buscando reduzir a especificidade do ser vivo em suma somente faziam permanecer fiéis à sua intenção profunda que é determinar leis entre objetos válidos fora de toda referência a um centro absoluto de referência". Esta tese faz eco àquela que a sua reflexão desenvolvia sobre o normal e o patológico: a vida é instauradora de normas, a vida suscita uma polarização de um meio com o qual ela se debate.

A vida é "o contrário de uma relação de indiferença com o meio". Não se poderia explicar este poder por meio de conceitos e de leis inicialmente formados a partir de hipóteses que o negam. Interrogando-se sobre o estatuto científico da fisiologia,[10] ele vai até escrever: "Mas a vida? Ela não é evolução, variação de formas, invenção de comportamentos? A sua estrutura não é histórica tanto quanto histológica? A fisiologia tenderia então em direção à história que não é, o que quer que se faça, ciência da natureza". A vida do ser vivo é a história das suas opções normativas. A vida do ser vivo humano é a história dos seus atos de valorização e de desvalorização.

Esta posição filosófica dá conta da sua concepção do conhecimento e da sua prática da história filosófica das ciências. As ciências aparecem então elas próprias em verdade como atividades normativas animadas pela polêmica perpétua de normas concorrentes e múltiplas. Daí vem o que aproxima Canguilhem de Nietzche mais que de Bergson. Michel Foucault (1926-1984) lembrar-se-á da lição.

---

9 Ibid.
10 *Le Normal et le Pathologique*, p. 135.

20.5. Descendência e dissidências

A tradição francesa transmitiu-se até François Dagognet, nascido em Langres em 1924, também filósofo e médico, formado em psiquiatria, que se fez herdeiro ao mesmo tempo de Bachelard e de Canguilhem e que lhes sucedeu na direção do Instituto de História das Ciências de Paris (Institut d'Histoire des Sciences de Paris). A sua obra abundante começou por um grande livro, *A Razão e os Remédios*,[11] referência para pensar o estatuto dos medicamentos na medicina contemporânea. Depois de um livro dedicado a Bachelard e outro a Louis Pasteur,[12] os seus trabalhos prosseguiram por estudos sobre as matérias, as imagens e os objetos técnicos,[13] para se estender à arte, à moral, e à religião sob o signo de um materialismo antinaturista.

Para compreender o impacto dessa tradição epistemológica, é preciso acrescentar que a obra de Michel Foucault inscreveu-se primeiramente no rastro de Canguilhem,[14] antes de conquistar a sua base, os seus objetos e o seu método (arqueológico) próprios a partir da publicação do livro *As Palavras e as Coisas*[15] que marcou um tempo em um sentido "estruturalista" a reflexão sobre as ciências humanas e sociais. Mas essa obra ultrapassa em muito o campo da filosofia das ciências.

Um episódio político terá, no mesmo momento afetado essa tradição, abrindo-lhe um público muito mais largo de imediato. Louis Althusser (1918-1990) tentou, efetivamente, no início dos anos 1960, fundar por um recurso à noção de ruptura (ou corte) epistemológica, o caráter científico que ele atribuía

---

11 Sua tese publicada na coleção "Galien" dirigida nas PUF por Canguilhem; *La Raison et les Remèdes* (1964). Paris: PUF, 1984.
12 F. Dagognet, *Gaston Bachelard, sa Vie, son Œuvre, avec un Exposé de sa Philosophie*. Paris: PUF, 1965; *Méthodes et Doctrines dans l' Œuvre de Pasteur*. Paris: PUF, 1967.
13 Ver notadamente *Philosophie de l'Image*. Paris: Vrin, 1984; *Rematérialiser, Matières et Matérialisme*. Paris: Vrin, 1985; *Des détritus, des Déchets, de l'Abject: Une Philosophie Écologique*. Le Plessis-Robinson, Les Empêcheurs de penser en rond, 1998.
14 *La Naissance de la Clinique* é publicada na coleção "Galien" nas PUF em 1963.
15 M. Foucault. *Les Mots et les Choses*. Paris: Gallimard, 1966.

à concepção marxista da história.¹⁶ O nome de Bachelard repercutiu assim vários anos no mundo da contestação internacional como que ligado ao de um "retorno a Marx" sobre bases científicas rigorosas. Isso contribuiu para fechar-lhe durante muito tempo as portas do mundo anglo-saxão.

Deve-se notar que o próprio Georges Canguilhem sempre professou a maior admiração pela obra de Foucault, e que prestou homenagem a Althusser no seu último livro, *Ideologia e Racionalidade na História das Ciências da Vida* (Paris, Vrin, 1977) em que aborda de frente as perguntas feitas ao seu "vitalismo" pelos desenvolvimentos da biologia molecular. Se as dissidências desses "discípulos" são manifestas, estamos bem fundados para falar, porém, de descendência, uma vez que houve reconhecimento.

---

16 L. Althusser. *Pour Marx*. Paris: Maspero, 1965; *Lire le Capital*, com É. Balibar, R. Establet, P. Macherey e J. Rancière (1965). Reed. Paris: PUF, 1996; ver também a versão remanejada de um curso de filosofia para cientistas dado na Escola Normal Superiora (École Normale Supérieure) durante o inverno 1967-1968, *Philosophe et Philosophie Spontanée des Savants*. Reed. Puk. Paris: Maspero, 1974.

21
UM ENCONTRO DORAVANTE POSSÍVEL

Em um dos livros mais clarividentes da epistemologia contemporânea,[1] Ian Hacking pleiteia uma concepção histórica da filosofia das ciências. Esta defesa intervém ao termo de uma análise rigorosa das dificuldades em dar conta do trabalho efetivo dos cientistas quando se adota um ponto de vista positivista combinando o empirismo e o formalismo. Sublinhando que a observação – e até mesmo, antes, o discurso sobre a observação – foi superavaliado pela filosofia positivista da ciência,[2] ele faz notar que os cientistas não se contentam em observar e explicar os fenômenos que descobrem na natureza, mas frequentemente criam novos "que se tornam então as pedras angulares da teoria".[3] O autor indigna-se com o fato que "nem se pensou em denominar" este papel desempenhado pela experiência, de tanto que foi negligenciado. O que é verdade da tradição positivista não vale para Bachelard que,

---
1 I. Hacking. *Concevoir et Expérimenter*.
2 Ibid., trad. franc., p. 275.
3 Ibid., trad. franc., cap. XIII: "La Création des Phénomènes". Uma crítica do mesmo tipo encontra-se na abertura do livro de Larry Laudan. *Science and Hypothesis*. Dordrecht: Reidel, 1981.

como se viu, propôs justamente para este fim o termo "fenomenotécnica". Não é, portanto, de se espantar que Hacking reencontre espontaneamente nesse terreno os temas de Bachelard. Ele faz notar, por exemplo, que desde o fim do século XIX a física, longe de se contentar em registrar regularidades observadas, cria "efeitos":[4] efeito Compton, efeito Zeeman, efeito Josephson. Ora um efeito é uma regularidade criada (e "batizada") que, "ao menos no início, apenas podia ser percebida como regularidade (ou como anomalia) sobre fundo de uma elaboração teórica". É o próprio tema dos desenvolvimentos mais constantes da epistemologia de Bachelard tratando das ciências físicas contemporâneas.

Assim, a partir de 1932, em *O Pluralismo Coerente da Química Moderna*, Bachelard escrevia que a ciência física moderna "torna-se menos uma ciência de feitos que uma ciência de efeitos". Interrogando-se sobre o efeito Zeemann e sobre o efeito Stark, ele ressalta que aí havia "toda uma filosofia do empirismo ativo bem diferente de uma filosofia do empirismo imediato e passivo que toma a experiência de observação como juiz".[5]

Em 1938, em *A Formação do Espírito Científico*, opondo a física atual àquela dos séculos precedentes, fala de "fenômeno provocado" e, acrescenta ele, "para mostrar bem que a sua origem é humana, é o nome do experimentador que está ligado ao efeito que constrói".[6]

Seria possível operar as mesmas semelhanças a propósito dos textos de Hacking sobre a medida, a aproximação, o valor positivo do erro e do fracasso experimental. Essas semelhanças são tanto mais esclarecedoras porque aparentemente o autor,

---

4 Ibid., trad. franc., p. 361.
5 G. Bachelard. *Le Pluralisme Cohérent de la Chimie Moderne*. Paris: Vrin, 1932, p. 229.
6 G. Bachelard. *La Formation de l'Esprit Scientifique : Contribution à une Psychanalyse de la Connaissance Objective*. Paris: Vrin, 1938, p. 30.

educado na outra tradição – de que se distancia –, não teve conhecimento dos textos do filósofo francês.

Como não notar que a evolução das posições de Hilary Putnam vai no mesmo sentido? Ele foi aluno de Reichenbach e de Carnap, discípulo de Quine. Não cessa de analisar os fracassos da tradução fenomenalista dos conceitos de objeto. Defende por fim um *internal realism*, realismo interno às teorias – à sua verdade "aproximativa provável" – por oposição ao realismo metafísico. Em estilo bem diferente, evidentemente, reencontra as posições que defendia Bachelard contra aquele realismo (identificado ao de Meyerson); há apenas objetos científicos solidários a um processo de objetivação, a verdade científica não é de modo algum uma correspondência com um estado de coisas que independe do discurso. A própria racionalidade não é intangível, a razão muda dentro da história. A ciência governa o seu devir.

A semelhança entre as duas tradições esboça-se ainda em outro terreno – aquele da psicologia do espírito científico abandonada pelo positivismo lógico, esquecido neste ponto da lição de Mach. Gerard Holton (1922-), professor em Harvard, nasceu em Viena, estudou primeiramente física antes de obter o seu Ph.D. de filosofia em 1948. Ele não concebe a filosofia das ciências dissociada da sua história. E nessa história, faz aparecer a existência de pressupostos nem demonstráveis, nem falsificáveis, tácitos, inconscientes, guiando frequentemente os pesquisadores sem mesmo que eles suspeitem. Esses pressupostos, ele os batizou *thémata*.[7] Arquivos em mãos, Holton concentra a sua atenção sobre "o começo do trabalho inovador de um indivíduo, quando ele inicia uma reflexão da qual testemunham, por exemplo, os seus rascunhos, as suas notas de laboratório ou a sua correspondência" e depois, quando da etapa pública da

---

7 G. Holton. *L'Invention Scientifique*. Paris: PUF, 1982, e o seu artigo original "Thémata: les Origines de la Pensée Scientifique". In: *Dictionnaire d'Histoire et Philosophie des Sciences* (1999). reed. 4. ed. amp. Paris: PUF, 2006 ("Quadrige").

sua atividade, sobre os desacordos suscetíveis de surgir entre os intervenientes de um mesmo nível de competência quanto ao valor das descobertas publicadas. Deve-se a Holton, sobre essa base, profundas análises do pensamento de Einstein, de Niels Bohr (1885-1962) – o princípio de complementaridade – ou de Enrico Fermi (1901-1954).

Uma vez o reconhecimento mútuo realizado, pode-se, pois, ter esperança que um trabalho comum se comprometa em escala internacional.[8] Mas essa semelhança supõe que ao ensino das ciências como ao ensino da filosofia seja associado um ensino de filosofia e de história das ciências diretamente ligado ao estado atual da pesquisa.

---

8 Ver o prefácio do *Dictionnaire d'histoire et philosophie des sciences* (1999). reed. 4. ed. amp. Paris: PUF, 2006 ("Quadrige").

22
A FILOSOFIA DENTRO DAS CIÊNCIAS

Os físicos nos anos 1930 contribuíram de modo decisivo para o desenvolvimento da filosofia das ciências. As reflexões de Einstein sobre as bases filosóficas da teoria da relatividade, os ásperos debates entre os fundadores da mecânica quântica – os livros de Max Planck (1858-1947), Niels Bohr, Werner Heisenberg (1901-1976) ou Erwin Schrödinger (1887-1961) tanto quanto os de Louis de Broglie (1892-1987) fizeram claramente aparecer os meandros filosóficos do mais inventivo pensamento científico.

Este esforço de pensamento especulativo pareceu romper-se logo após a Segunda Guerra Mundial, mesmo se as perguntas éticas e políticas feitas pela utilização da bomba atômica contra o Japão puderam nutrir uma reflexão nova, de uma atualidade que não foi perdida, sobre a responsabilidade do cientista. Foram os biólogos que asseguraram a continuidade no início dos anos 1970. Os livros de Jacques Monod e de François Jacob publicados ambos em 1970 lançaram o debate. *O Acaso e a Necessidade* de Monod trazia, como subtítulo, *Ensaio sobre a Filosofia Natural da Biologia Moderna*; o de Jacob, *A Lógica do Ser Vivo*, apresentava-se como uma "história da hereditariedade".[1]

---

1 J. Monod. *Le Hasard et la Nécessité : Philosophie Naturelle de la Biologie Moderne*. Paris: Le

Os desenvolvimentos da biologia molecular, a revolução das neurociências e o "jorro" das biotecnologias[2] levaram um número crescente de pesquisadores a se fazerem em voz alta perguntas filosóficas e a conversarem com os filósofos. *A Nova Aliança*,[3] livro escrito por Ilya Prigogine (1917-2003), prêmio Nobel de química em 1977, com a filósofa Isabelle Stengers, constituiu um acontecimento emblemático de tal reflexão, ao mesmo tempo em que reavivava a discussão sobre as teses de Monod.

Encontrando com frequência um sucesso considerável bem além da comunidade científica, certos livros como *O Homem Neuronal*[4] de Jean-Pierre Changeux, *A Biologia das Paixões*[5] de Jean--Didier Vincent, *A Biologia da Consciência*[6] de Gérard Edelman, prêmio Nobel de medicina em 1972, como os livros de Alain Prochiantz[7] testemunham não somente sobre a consciência filosófica dos biólogos, mas ainda sobre o aguardo de um vasto público com a esperança legítima que a reflexão dos cientistas sobre os seus percursos traga os argumentos de uma renovação da filosofia em um sentido construtivo. O que dizer sobre a relação do pensamento com o cérebro? Qual é a relação entre desenvolvimento e evolução? Entre ontogênese e epigênese? Como pensar o determinismo genético? O que é em última análise um indivíduo humano? Qual é a parte da animalidade no homem?

Nesta área, ninguém pode separar a teoria da experimentação, e a experimentação dos desenvolvimentos médicos e industriais. A filosofia das ciências pode assim achar nesses textos motivos suplementares e temas novos para o seu próprio desenvolvimento em contato direto com a pesquisa atual.

Seuil, 1970, e F. Jacob. *La Logique du Vivant : Histoire de l'Hérédité*. Paris: Gallimard, 1970.
2   *Le Jaillissement des Biotechnologies*. Sob a dir. de P. Darbon e J. Robin. Paris: Fayard, 1987.
3   I. Prigogine e I. Stengers. *La Nouvelle Alliance*. Paris: Gallimard, 1979.
4   J.-P. Changeux. *L'Homme Neuronal*. Paris: Fayard, 1983.
5   J.-D. Vincent. *La Biologie des Passions*. Paris: O. Jacob, 1986.
6   G. Edelman. *La Biologie de la Conscience* (1992). Trad. franc. Paris: O. Jacob, 1992.
7   A. Prochiantz. *La Construction du Cerveau*. Paris: Hachette, 1993, e *Machine-Esprit*. Paris: O. Jacob, 2001.

Foi pelas questões de cosmologia que os astrofísicos trouxeram a sua contribuição a esta efervescência filosófica desde o fim dos anos 1960. Logo que o cenário do *Big Bang* se encontrava confortado pelas observações de Arno A. Penzias e Robert W. Wilson, ambos prêmios Nobel de física em 1978, os grandes roteiros cosmológicos, elaborados desde a teoria relativista da gravitação,[8] retomaram uma grande atualidade.

A física do infinitamente grande reencontra aquela do infinitamente pequeno quando se trata de se interrogar sobre o começo do Universo. E os resultados obtidos, associados às descobertas da exploração espacial, permitem fazer, a novos custos, as perguntas da origem da vida. Uma nova disciplina nasceu: a exobiologia, que estuda "a vida no universo".[9]

Em física fundamental, a grande pergunta do determinismo feita pela mecânica quântica foi relançada e, se é possível dizer, agravada pelo estudo dos fenômenos ditos de "turbulência" dos sistemas de dependência sensível às condições iniciais[10] – comumente designado como "teoria do caos". Caos determinista ou triunfo do indeterminismo? A Academia das Ciências na França inflamou-se durante um momento em volta dessa interrogação lançada pelo matemático francês, medalha Fields em 1958, René Thom (1923- 2002).[11]

Não há nem mesmo na matemática quem não tenha sido tocado por esta consciência filosófica. Ao término da sua idade estruturalista, marcada pelo grande empreendimento formalista e positivista de Bourbaki,[12] os matemáticos – franceses em particular – sentem a necessidade de reexaminar a sua história. Eles redescobrem Évariste Galois (1811-1832), David Hilbert

---

8 J. Merleau-Ponty. *Cosmologies du XXe siècle*. Paris: Gallimard, 1965.
9 M. Maurette. *Chasseurs d'Étoiles*. Paris: Hachette, 1993.
10 D. Ruelle. *Hasard et chaos*. Paris: O. Jacob, 1991.
11 *La Querelle du Déterminisme*. Paris: Gallimard, "Le Débat", 1990.
12 Pseudônimo coletivo de um grupo de matemáticos da Escola Normal Superior (École Normale Supérieure) (Ulm) que empreenderam a partir de 1939 o seminário da matemática. Ver notadamente o artigo de P. Cartier, "Bourbaki", In: *Dictionnaire d'Histoire et Philosophie des Sciences* (1999). reed. 4. ed. amp. Paris: PUF, 2006 ("Quadrige").

(1862-1943) e Hermann Weyl (1885-1955), mas também Hermann Grassmann (1809-1877) ou Alexander Grothendieck (1928-2014), medalha Fields em 1966.[13] O logicismo pertence doravante, para eles, ao passado. A aventurosa união do pensamento filosófico e do pensamento matemático está na ordem do dia. Foi um matemático, e filósofo francês, Gilles Châtelet (1944-1999), aluno do filósofo Jean-Toussaint Desanti (1914-2002), que escreveu um dos maiores livros de filosofia das ciências das últimas décadas do século XX.[14]

Neste quadro pintado com grandes traços, a pergunta será onde estão as ciências humanas e sociais? Uma imagem do desconforto da sua situação será obtida quando se terá percebido que os promotores dos grandes programas que dominaram a filosofia das ciências, desde os anos 1840, sempre visaram a alinhá-los na imagem que compunham das ciências ditas da natureza, a única alternativa que se tenha realmente apresentado sendo a de saber se esse alinhamento seria feito na física ou na biologia (notadamente evolucionista).

Se a filosofia das ciências associa à interrogação sobre a estrutura das teorias o estudo da gênese dos conceitos, tem-se todo o direito de pensar que ela poderá contribuir para afirmar a especificidade dos objetos e dos percursos dessas disciplinas tão firmemente quanto as ciências do ser vivo começaram a fazê-lo pela sua própria conta. Amanhã, talvez, vislumbrar-se-á uma filosofia econômica ou uma filosofia sociológica, primas da filosofia biológica que, considerando as polaridades e as tensões próprias à vida social, evitarão neutralizá-las por modelos tomados emprestados da representação formalista das ciências físicas que não podem as apreender. Os especialistas reencontrariam aí o gosto da aventura intelectual; e os cidadãos, o gosto da argumentação e o sentimento da liberdade.

---

13   Ver notadamente F. Patras. *La Pensée Mathématique Contemporaine*. Paris: PUF, 2001.
14   G. Châtelet. *Les Enjeux du Mobile : Mathématique, Physique, Philosophie*. Paris: Le Seuil, 1993.

O fim dos anos 1990 viu triunfar um forte movimento de desilusão e depois de franca hostilidade de encontro a toda concepção "moderna" do progresso. Esse movimento acha a sua inspiração maior na conferência de Martin Heidegger, já citado, feita em novembro de 1953 sobre "A Questão da Técnica", mas igualmente nos trabalhos do francês Jacques Ellul (1912-1994) sobre a "sociedade tecnicista" (1977) e, tardiamente traduzidos em francês, os do austríaco Günther Anders (1902-1992).

No mesmo momento o ecologismo "profundo" honra as críticas formuladas por Jean-Jacques Rousseau (1712-1778) no seu *Discurso sobre as Ciências e as Artes* em 1750. A ciência seria, pelo luxo, corruptora dos costumes. Às ilusões e ao progresso, ele opõe o retorno à vida frugal do homem no estado de natureza.

Volta-se em direção a Henry David Thoreau, que em *Walden ou a Vida nos Bosques* (1854) propõe uma filosofia da natureza correspondendo à radicalidade "naturista" dos engajamentos vitais do autor durante o período 1845-1847. A Thoreau deve-se associar Ralph Waldo Emerson que dá uma versão americana da filosofia idealista alemã: aquilo que se chama de "transcendentalismo", segundo o qual a história humana reflete um espírito absoluto de caráter divino. Eles se reúnem na crítica do industrialismo, do produtivismo e do consumerismo.

Em suma, somente haveria progresso (humano) ao preço de uma regressão (o "decrescimento" em matéria econômica) aquém da "revolução industrial". A execração da ciência vem substituir-se à sua adoração em um país que duvida dos seus "valores". Não faltaram catástrofes ao longo do século XX, como para certificar a mais sombria visão: Hiroshima, Nagasaki, Chernobyl, Fukushima, mas também grandes epidemias, tempestades, furacões, inundações e outras ondas de frio ou de calor etc.

A primeira década do século XXI apresenta, entretanto, outro rosto. Viu realizar-se com um entusiasmo quase universal a "revolução digital" que desafia os cânones da epistemologia tradicional. Essa revolução convida a retrabalhar sobre a filosofia dentro das ciências. Ela parte das imensas capacidades de cálculo de que se dotou a humanidade.[15]

Bachelard dizia: "nada é dado, tudo é construído". É preciso reconhecer agora que os próprios dados dos fenômenos são laboriosamente extraídos e construídos pela ferramenta informática com o objetivo de ordenar. O poder dedutivo dos algoritmos faz aparecer relações despercebidas entre fenômenos aparentemente sem ligação.

O "racionalismo aplicado" que Bachelard celebrava em um dos seus últimos livros revela-se, pelas suas "aplicações", portador de uma dinâmica que afeta até a própria ideia de conhecimento.

Durante muito tempo, um cientista procurava no mundo que o envolvia uma causalidade escondida que explicaria os fenômenos observados. O *Big Data*, estes dados de massa "pessoais ou não" considerados como a matéria prima de amanhã, nos permitirá identificar correlações. Para agir a partir delas, nós não precisaremos nos ocupar com a razão dessas correlações.

O debate é vigoroso quanto às ameaças que pesam sobre as nossas liberdades individuais. Todos os nossos modos de vida e de comportamento vão se encontrar afetados. Se a epistemologia parece sobrecarregada, a filosofia das ciências permanecerá o terreno de um confronto dinâmico entre os valores do conhecimento e aqueles de uma vida humana cada vez mais dominada por potências econômicas e estatais sempre mais intrusivas.

---

15 P. Delort. *Le Big Data*. Paris: PUF, 2015 ("Que sais-je?").

REFERÊNCIAS

ANDLER, Daniel; FAGOT-LARGEAULT, Anne; SAINT-SERNIN, Bertrand. *Philosophie des Sciences*. Paris: Gallimard, 2002, 2 vols.

AURENGO André; COUTURIER, Daniel; LEOCURT, Dominique; TUBIANA, Maurice. *Politique de Santé et Principe de Précaution*. Paris: PUF, 2011.

BACHELARD Gastón. *L'Activité Rationaliste de la Physique Contemporaine*. Paris: PUF, 1951.

_____. *Le Nouvel Esprit Scientifique*. Paris: PUF, 1934.

CANGUILHEM, Georges. *Le Normal et le Pathologique*. Paris: PUF, 1966.

CHÂTELET, Gilles. *Les Enjeux du Mobile: Mathématique, Physique, Philosophie*. Paris: Le Seuil, 1993.

COMTE, Auguste. *Cours de Philosphie Positive* (1830-1845). Paris: Hermann, 1975, 2 vols.

COUTURIER, Daniel; DAVID, Georges ; LECOURT, Dominique. *La Mort de la Clinique?*. Paris: PUF, 2009.

DAGOGNET, François. *La Raison et les Remèdes*. Paris: PUF, 1964.

DARWIN, Charles. *Origines: Lettres Choisies* (1828-1859). Introdução e edição francesa dirigida por D. Lecourt. Paris: Bayard, 2009.

DAVID, Georges; LECOURT, Dominique; SUREAU, Claude. *L'Erreur Médicale*. Paris: PUF, 2006.

DUHEM, Pierre. *La théorie Physique: son Objet, sa Structure*. Paris: Chevalier et Rivière, 1906.

FEYERABEND, Paul K. *Contre la Méthode*. Paris: Le Seuil, 1979.

GONSETH, Ferdinand. *Le Problème de la Connaissance en Philosophie Ouverte*. Textos escolhidos e apresentados por E. Emery, Lausanne, L'Âge d'homme, post. 1990.

GOODMAN, Nelson. *Faits, Fictions et Prédictions*. Paris: Ed. de Minuit, 1985.

HACKING, Ian. *Concevoir et Expérimenter*. Paris: C. Bourgois, 1989.

HANSON, Norwood Russell. *Patterns of Discovery*. Cambridge: Cambridge University Press, 1958.

_____. *The Concept of the Positron*. Cambridge: Cambridge Univ. Press, 1963.

HEMPEL, Carl Gustav. *Éléments d'Epistémologie*. Paris: Colin, 1972.

KAHN, Axel; LECOURT, Dominique e GODIN, Christian. *Bioéthique et Liberté*. Paris: PUF, 2004.

KOYRÉ, Alexandre. *Études Newtoniennes* (1964). Paris: Gallimard, 1968.

KUHN, Thomas S. *La Structure des Révolutions Scientifiques* (1962). Paris: Flammarion, 1970.

LAUGIER, Sandra; WAGNER, Pierre. *Philosophie des Sciences*. Paris: Vrin, 2004. 2 vol.

LECOURT, Dominique; DELAPORTE François; PINELL, Patrice *et al*. *Dictionnaire de la Pensée Médicale*. Paris: PUF, 2004.

LECOURT, Dominique. *Dictionnaire d'Histoire et Philosophie des Sciences*. 4. ed. amp. Paris: PUF, 2006. Prêmio Gegner da Academia das Ciências Morais e Políticas (2000).

_____. *Diderot: Passions, Sexe, Raison*. Paris: PUF, 2013.

_____. *Encyclopédie des Sciences*. Paris: Le Livre de poche, 1998.

_____. *Georges Canguilhem*. Paris: PUF, 2008 ("Que sais-je ?").

_____. *Humain post Humain*. Paris: PUF, 2003.

_____. *L'Âge de la Peur: Science, Éthique et Société*. Paris: Bayard, 2009.

_____. *La Santé Face au Principe de Précaution*. Paris: PUF, 2009.

_____. *La Science et l'Avenir de l'Homme*. Paris: PUF, 2005.

_____. *L'Égoïsme: Faut-il Vraiment Penser aux Autres?*. Paris: Éd. Autrement, 2015.

_____. *Les Piètres Penseurs*. Paris: Flammarion, 1999.

_____. *Sciences, Mythes et Religions en Europe*. Bruxelas: Office for Official Publications of the European Communities, 2000.

MACH, Ernst. *La Mécanique: Exposé Historique et Critique de son Développement* (1883). Paris: Hermann, 1904.

POPPER, Karl Raimund. *La Logique de la Découverte Scientifique* (1934 e 1959). Paris: Payot, 1973.

Rapport au ministre de l'Éducation nationale sur l'enseignement de la philosophie des sciences (Relatório ao ministro da Educação nacional sobre o ensino da filosofia das ciências) (2000). Disponível em: http://media.education.gouv.fr/file/94/7/5947.pdf.

RUSSELL, Bertrand. *Problèmes de Philosophie* (1912). Paris: Payot, 1989.

SOULEZ, Antonia (Ed.). *Manifeste du Cercle de Vienne et Autres Écrits*. Paris: PUF, 1985.

TOULMIN, Stephen Edelston. *Philosophy of Science*. Londres: Hutchinson, 1953.

_____. *Foresight and Understanding*. Bloomington: University of Indiana Press, 1961.

WAGNER, Pierre; BENOIST, Jocelyn. *Les Philosophes et la Science*. Paris: Gallimard, 2002.

WITTGENSTEIN, Ludwig. *Tractatus Logico-Philosophicus* (1921). Paris: Gallimard, 1993.

_____. *Investigations Philosophiques*. (post. 1953). Paris: Gallimard, 1961.

Esta obra foi composta em CTcP
Capa: Supremo 250g – Miolo: Pólen Soft 80g
Impressão e acabamento
Gráfica e Editora Santuário